V&R

Handlungskompetenz im Ausland

herausgegeben von
Alexander Thomas, Universität Regensburg

Vandenhoeck & Ruprecht

Judith Kautz
Christiane Bier
Alexander Thomas

Beruflich in Malaysia

Trainingsprogramm für Manager, Fach- und Führungskräfte

Vandenhoeck & Ruprecht

Die 8 Cartoons hat Jörg Plannerer gezeichnet.

Bibliografische Information der Deutschen Bibliothek

Die Deutsche Bibliothek verzeichnet diese Publikation in der Deutschen Nationalbibliografie; detaillierte bibliografische Daten sind im Internet über <http://dnb.ddb.de> abrufbar.

ISBN 10: 3-525-49067-4
ISBN 13: 978-3-525-49067-9

Satz: Satzspiegel, Nörten-Hardenberg
Druck und Bindung: ⊕ Hubert & Co, Göttingen

Gedruckt auf alterungsbeständigem Papier.

Inhalt

Vorwort

Manch einer, der von sich selbst glaubt, Asien gut zu kennen, wird wohl erst einmal auf einer Weltkarte nachsehen, wo Malaysia denn liegt und zu welchen Nachbarländern gemeinsame Grenzen bestehen. Die Geschichte, geographische Besonderheiten, wirtschaftliche und politische Entwicklung Malaysias ist den meisten Deutschen wohl völlig unbekannt. Wer weiß schon, wie viele ethnische Gruppen in Malaysia leben, mit welchen Prozentsätzen sie an der Gesamtbevölkerung vertreten sind, welche politische Bedeutung sie haben und welchen Beitrag sie zur Entwicklung des Landes leisten? Ist Malaysia eigentlich ein Entwicklungsland mit einem starken Gefälle zwischen reichen und armen Teilen der Bevölkerung? Wie stabil sind die Regierungen oder wie dynamisch ist die Bevölkerungsentwicklung? Ist Malaysia überhaupt ein relevanter Wirtschaftsfaktor in Asien, besonders in Bezug zur europäischen Union jetzt und in Zukunft? Das sind Fragen, die einer Antwort bedürfen für diejenigen, die sich aus welchen Gründen auch immer für das Land interessieren.

Tatsachen sind:

1. Die Ausfuhren von Deutschland nach Malaysia lagen 2004 etwa in der Größenordnung wie die nach Hongkong, Singapur oder in die Vereinigten Arabischen Emirate. Die Einfuhren aus Malaysia entsprachen denen aus Brasilien und übertrafen die aus Indien um 35 %.
2. Das Land ist etwas kleiner als Deutschland und hat 36 Millionen Einwohner. Davon sind 22 Millionen malaysischer Abstammung mit folgender ethnischer Zusammensetzung: 50 % Malaien, 24 % chinesischstämmige Malaysier, 11 % Urbevölkerung und 7 % indischstämmige Malaysier.

3. Der Islam ist Staatsreligion. »Bahasa Malaysia« ist Amtssprache und Englisch ist weit verbreitet.
4. In Malaysia sind 300 deutsche Unternehmen direkt mit Standorten vertreten.
5. Malaysia gehört zu den Wachstumsmärkten in Südostasien mit einer positiven Prognose.

Die Ex- und Importe sind in den vergangenen fünf Jahren stetig gewachsen und waren 2004 relativ ausgeglichen. Alles spricht dafür, dass Malaysia für die deutsche Wirtschaft schon heute und noch mehr in Zukunft ein ernst zunehmender Markt ist. Erfolgreiche Kooperationen mit Partnern in Malaysia sind nur möglich, wenn man weiß, wie mit den kulturspezifischen Unterschieden zwischen den eigenen Werten, Normen und Verhaltensgewohnheiten und denen der Partner in Malaysia umzugehen ist; wenn man weiß, wie die kulturspezifische Diversität gemanagt werden kann, wie eine vertrauensvolle Zusammenarbeit zu erreichen ist und wie kommunikative und interaktive Missverständnisse schon im Voraus vermieden werden können.

Das vorliegende authentische Material kulturell bedingter Interaktionssituationen, gewonnen aus Interviews mit deutschen Fach- und Führungskräften in Malaysia, verbunden mit Analysen und Erklärungen bikultureller Experten, die beide Kulturen gut kennen, ist eine praxisbewährte Grundlage zur Entwicklung interkultureller Managementkompetenz bezogen auf Malaysia. Wer das Material sorgfältig bearbeitet, gewinnt einen Wettbewerbsvorteil in Bezug auf eine beiderseits zufrieden stellende und produktive Zusammenarbeit mit Partnern in Malaysia.

Alexander Thomas

■ Einführung in das Training

Während Malaysia bei der deutschen Bevölkerung als touristisches Ziel bisher weniger populär war, ist das Land jedoch unter wirtschaftlichen Gesichtspunkten seit einiger Zeit sehr interessant. Malaysia hat in den letzten zwei Jahrzehnten eine rasante Entwicklung vollzogen, mit der politischen Zielsetzung, bis zum Jahr 2020 den Status eines Industriestaates zu erreichen. Deutschland ist Malaysias größter Handelspartner in der Europäischen Gemeinschaft.

Darüber hinaus ist das Land aufgrund des anhaltenden Asienbooms als Standort für deutsche Unternehmen in Südostasien unschlagbar, da es eine unvergleichbare Kombination aus Infrastruktur, stabilen politischen und rechtlichen Rahmenbedingungen, liberaler Marktwirtschaft und relativ niedrigen Standortkosten bietet. Über 300 deutsche Firmen mit 70 Produktionsstätten sind direkt in Malaysia vertreten.

Es entwickelt sich eine zunehmende Zusammenarbeit beider Länder, so dass immer mehr deutsche Fach- und Führungskräfte nach Malaysia entsandt werden. Viele Entsandte und ihre mit ausreisenden Angehörigen unterschätzen, wie wichtig es ist, sich angemessen auf Auslandsentsendungen vorzubereiten. Sie unterschätzen die Auswirkungen kultureller Unterschiede, die ihren Ausdruck in einer anderen, vorerst ungewohnten Geschäftsmentalität, in einem anderen Zeitverständnis oder einem anderen Führungs- und Kommunikationsstil finden. Das Besondere ist zudem, dass Malaysia ein Vielvölkerstaat ist, der von Malaien, Chinesen und Indern bewohnt wird. Damit Verhandlungen und Geschäftsbeziehungen nicht auf Grund kultureller Missverständnisse scheitern, sollten sich deutsche Geschäftspartner zusätzlich mit diesen Ethnien und deren Sitten vertraut machen, da die unterschiedlichen Bevölkerungsgruppen das gesellschaftliche Leben in Malaysia entscheidend mitprägen. Wie nun erlangt man die erforderliche interkulturelle Kompetenz und wie sieht ein entsprechendes Vorbereitungstraining aus?

Eine Antwort auf diese Fragen gibt das vorliegende Buch. Es bietet dem Leser die Chance, sich auf die Zusammenarbeit mit malaysischen Partnern so vorzubereiten, dass ein Verständnis für die Kultur aufgebaut und kulturadäquates Verhalten praktiziert werden kann.

Was verbirgt sich hinter dem Begriff »Kultur«?

Kultur kann nicht nur auf äußere Merkmale reduziert werden, wie sie ein Tourist kennen lernt, wenn er dieser Kultur das erste Mal begegnet. Kultur beeinflusst vor allem das Denken, Wahrnehmen, Werten und Handeln der Mehrzahl der Mitglieder einer Gemeinschaft. Im Lauf ihrer Entwicklung haben sich in jeder Kultur bestimmte Strukturen, Regeln, Werte und Normen herausgebildet, die ein reibungsloses Zusammenleben gewährleisten sollen. Die Mitglieder einer Kultur orientieren sich in ihrem Verhalten an diesen bewährten Regeln. Kultur kann daher als »Orientierungssystem« bezeichnet werden. Die jeweilige Kulturgemeinschaft orientiert sich nicht nur an den eigenen Regeln und Erwartungen, wenn sie Ziele definieren und ihre eigenen Handlungen bewerten will, sondern auch, wenn sie Erwartungen an das Verhalten ihres Gesprächspartners oder an eine Situation richtet. Alles, was in einer Situation als richtig und normal angesehen wird, stützt sich auf Erfahrungen im eigenen Kulturkreis.

Regeln, Werte und Normen der eigenen Kultur werden schon frühzeitig erlernt und verinnerlicht. Im Laufe der Entwicklung wird die kulturelle Prägung kaum noch bewusst wahrgenommen. In bestimmten Situationen ist es für uns selbstverständlich, ein bestimmtes Verhalten zu zeigen, welches in einer anderen Kultur keineswegs als normal gelten würde. Erwachsene begrüßen sich in Deutschland per Handschlag, was zum Beispiel in Malaysia nicht üblich ist.

Durch die einheitlichen Regeln in der eigenen Kultur wird für uns auch das Verhalten anderer Personen des eigenen Kulturkreises vorhersehbarer und verständlicher. Doch auch innerhalb einer Kultur gibt es Abweichungen von den Werten, Normen und Verhaltensregeln, die für eine gewisse Unberechenbarkeit sorgen. Trotz dieser unterschiedlichen Subkulturen (z. B. Nord- und Süddeutsche) ist Kultur die Grundlage, auf der Verständigung für die meisten Mitglieder einer Kultur ohne Probleme möglich sein sollte.

■ Was geschieht, wenn Mitglieder verschiedener Kulturen einander begegnen?

Wenn sich Mitglieder zweier Kulturen begegnen, so treffen auch zwei Orientierungssysteme aufeinander. Dabei geht erst einmal jeder davon aus, dass sein eigenes Orientierungssystem das richtige ist. Jeder orientiert sich an den eigenen Werten, Normen und Erwartungen. Man zeigt damit in den Augen des Gesprächspartners möglicherweise ein völlig unpassendes Verhalten. Umgekehrt kann dabei auch das Verhalten des Gesprächspartners als falsch und unangemessen verstanden werden. Das ist dann der Fall, wenn sich die beiden Orientierungssysteme deutlich voneinander unterscheiden und es nur wenige Überschneidungen gibt. Es kommt daher zu Missverständnissen zwischen den Partnern, so dass im Extremfall die private oder geschäftliche Beziehung abbricht. Viele suchen die Ursache für die Kommunikationsprobleme in der Person ihres Gesprächspartners und schließen mögliche andere Gründe aus. Sie ziehen voreilige Schlüsse oder bilden Vorurteile, so dass es schwierig wird, eine bestehende Geschäftsbeziehung weiterzuführen oder eine neue entstehen zu lassen.

Befindet sich eine Person für längere Zeit in einem fremden Kulturkreis, treten wiederholt Missverständnisse auf. Das führt bei den meisten Personen zu Verunsicherung und Orientierungsverlust, weil ihr Orientierungssystem angesichts der fremden Kultur zu versagen scheint. Dieses Phänomen bezeichnet man als Kulturschock, der sich zum Beispiel in körperlichen oder psychischen Beschwerden (Frustration) niederschlägt. Es kann im schlimmsten Fall zum Abbruch des Auslandseinsatzes führen. Um einen Kulturschock zu vermeiden oder abzuschwächen, kann man sich im Vorfeld des Malaysiaaufenthaltes das eigene Orientierungssystem bewusst machen und das fremde Orientierungssystem kennen und akzeptieren lernen – und dies durch ein interkulturelles Training, wie dieses Buch es bietet.

■ Was ist das Grundkonzept des Trainings?

Dieses interkulturelle Training geht zurück auf ein Trainingsformat, das allgemein als »Culture Assimilator« oder »Culture Sensitiver« bezeichnet wird. Dabei geht es nicht um die Anpassung an eine fremde Kultur oder eine rein oberflächliche Sensibilisierung, sondern um interkulturelles Verstehen. Es handelt sich also um ein Orientierungstraining, mit dem man sich innerhalb kurzer Zeit effektiv auf eine andere Kultur vorbereiten kann. Der Lernende kann das vorliegende Trainingsmaterial selbstständig und in seinem eigenen Tempo lesen und bearbeiten. Er erwirbt anhand von Fallbeispielen nach und nach Wissen über die verschiedenen Arten und Weisen des Wahrnehmens, Denkens, Wertens und Handelns, das von den meisten Malaysiern als selbstverständlich, typisch und verbindlich angesehen wird (Kulturstandards). Zudem soll das Training eine wertschätzende Haltung zur malaysischen Kultur entwickeln helfen und durch die Auseinandersetzung mit interkulturellen Problemsituationen sein Handlungswissen erweitern.

Das Trainingsmaterial für Malaysia basiert auf dem theoretischen Konzept der Kulturstandards. Kulturstandards sind zentrale Merkmale eines kulturellen Orientierungssystems und beeinflussen wie bereits erwähnt das Denken und Handeln der meisten Mitgliedern einer Kultur. Individuelle Abweichungen von diesen Kulturstandards treten auf, werden von der jeweiligen Gesellschaft aber nur bis zu einem gewissen Grad akzeptiert und geduldet. Wie tolerant eine Gesellschaft auf Abweichungen reagiert, hängt einerseits von der generellen Toleranz der Gesellschaft und andererseits von der Bedeutung der Kulturstandards ab.

Weiterhin liegt dem Training die Annahme zugrunde, dass Menschen ständig versuchen, sich das Verhalten ihrer Mitmenschen zu erklären und Ursachen für deren Verhalten zu finden. In unserer eigenen Kultur sind uns die Regeln (Kulturstandards), nach denen die Mitmenschen handeln, vertraut und verständlich. In einer fremden Kultur kennen wir zunächst diese Regeln nicht und sind uns häufig noch nicht einmal bewusst, dass es für eine uns vertraute Situation verschiedene, manchmal sogar einander widersprechende Verhaltensregeln geben könnte. So nehmen wir an, dass die fremdkulturelle Person ein so unerwartetes, seltsames oder unerklärliches Verhalten zeigt, weil sie es so will und nicht, weil es den Regeln und Normen ihrer Kultur entspricht und zum guten Ton gehört, sich so zu verhalten. Sieht man die Ursache für das Verhalten immer nur in der handelnden Person begründet und nicht auch in deren Kultur, so entstehen Vorurteile und Fehlinterpretationen, die im Umgang miteinander wenig hilfreich sind und zu erheblichen Kommunikations- und Kooperationsproblemen führen.

■ Wie ist das Training entstanden?

Die Fallbeispiele, auf denen das Training im vorliegenden Buch aufbaut, wurden aus Interviews mit deutschen Fach- und Führungskräften in Malaysia gewonnen. Sie wurden nach häufig aufgetretenen Situationen gefragt, in denen ihnen das Verhalten ihres malaysischen Gesprächspartners unerwartet oder unverständlich erschienen war. Diese Situationen wurden anonymisiert und sowohl deutschen als auch malaysischen Experten vorgelegt, die in beiden Ländern längere Zeit gelebt und gearbeitet oder sich wissenschaftlich mit dem deutsch-malaysischen Kulturvergleich befasst haben. Die Experten beurteilten für jede Situation das Verhalten der malaysischen Kommunikationspartner vor dem Hintergrund der malaysischen Kultur. Sie gaben mögliche kulturell bedingte Gründe für die entstandenen Missverständnisse an. Die Expertenantworten wurden inhaltlich ausgewertet und mit Forschungsergebnissen aus der wissenschaftlichen Literatur zu Malaysia ergänzt. Auf dieser Basis konnten die malaysischen Kulturstandards erhoben werden, auf denen das vorliegende Training aufbaut.

Ein kulturspezifisches Training ist allerdings immer nur für die Vorbereitung von Mitgliedern aus einer bestimmten Ausgangskultur auf eine bestimmte Zielkultur geeignet. In unserem Fall wurden Deutsche zu Missverständnissen mit Malaysiern befragt und daraus entsprechende Kulturstandards generiert. Amerikaner, Italiener oder Franzosen hätten aufgrund der bei ihnen geltenden Werte, Normen und Verhaltensregeln wohl von anderen Missverständnissen mit Malaysiern berichtet, was zwangsläufig andere Kulturstandards und einen anderen Trainingsinhalt zur Folge gehabt hätte.

Was sind die Ziele des Trainings?

»Das beste Mittel, sich kennen zu lernen, ist der Versuch, andere zu verstehen« (Andre Gide).

In der Umkehr bedeutet das: »Das beste Mittel, andere zu verstehen, ist der Versuch, sich näher kennen zu lernen«. Genau darum geht es in dem vorliegenden Training. Der deutsche Leser soll sich intensiv mit der eigenen als auch mit der fremden Kultur auseinander setzen, so dass er nach dem Training das Verhalten des Malaysiers aus dessen kulturellem Blickwinkel erklären kann und er es für sich nicht mehr als unangemessen oder falsch interpretiert. Es geht jedoch nicht darum, sich an die malaysische Kultur einseitig anzupassen. Der Deutsche soll die malaysische Kultur verstehen lernen, sich gleichzeitig seines eigenen kulturellen Orientierungssystems bewusst sein und sich so auf die Bewältigung möglicherweise entstehender Missverständnisse vorbereiten.

Das hier präsentierte Trainingsmaterial ermöglicht es, dass nach Malaysia entsandte deutsche Mitarbeiter sich auf den Alltag und die Arbeit vorbereiten, dass sie anhand von Fallbeispielen typische Kommunikationssituationen aus der malaysischen Perspektive betrachten lernen und dass sie reflektieren können, wie sich Deutsche in einer ähnlichen Situation verhalten hätten. So werden sie sich ihres eigenen Orientierungssystems bewusst. Der Leser erhält zudem Lösungshinweise für interkulturelle Problemsituationen und erweitert damit sein Handlungswissen. Er kann durch die Bearbeitung der Fallbeispiele eigene ähnliche Erfahrungen bei der Zusammenarbeit mit Malaysiern besser verstehen und zukünftige neue Erfahrungen leichter einordnen. Die Bearbeitung des Trainingshandbuchs verkürzt und erleichtert so die Eingewöhnungsphase im Land. Sie kann einem Kulturschock vorbeugen oder ihn abschwächen und effizientes Handeln in der fremden Kultur Malaysias ermöglichen.

Zudem wird mit dem Training angestrebt, dass der Leser eine wertschätzende Haltung gegenüber der malaysischen Kultur entwickelt. Er soll erkennen, dass es keine »besseren« oder »schlechteren« Kulturen gibt, sondern dass sich jede Kultur an ihre eigenen Umwelt- und Gesellschaftsbedingungen erfolgreich angepasst hat.

Wie ist das Training aufgebaut?

Um den größtmöglichen Nutzen aus dem Buch zu ziehen, ist es wichtig, die einzelnen Trainingsabschnitte nacheinander und vollständig zu bearbeiten, da sie aufeinander aufbauen. Das Trainingsmaterial kann auch im Rahmen eines Gruppentrainings eingesetzt und verschiedene Aspekte der Fallbeispiele im Rollenspiel dargestellt werden. So fällt es den Teilnehmern leichter, sich in die Situationen hineinzuversetzen, und die Gedanken und Gefühle können in der Gruppe und mit dem Trainer besprochen werden.

Das Trainingshandbuch besteht aus acht Themenbereichen, in denen jeweils ein Kulturstandard dargestellt wird. Die Themenbereiche beinhalten Trainingseinheiten, die aufeinander aufbauen, so dass bereits Erlerntes in den nachfolgenden Abschnitten angewendet werden kann. Jeder Trainingsabschnitt besteht aus zwei oder mehreren kritischen Begegnungssituationen zwischen Deutschen und Malaysiern. Am Ende des jeweiligen Trainingsabschnitts wird der Kulturstandard beschrieben, der den geschilderten Situationen zugrunde liegt. Das Training enthält insgesamt 26 Fallbeispiele. Nach der letzten Trainingseinheit werden die beschriebenen Kulturstandards kurz zusammengefasst und die Zusammenhänge zwischen ihnen dargestellt. Den Abschluss bilden allgemeine Ratschläge zum Leben und Arbeiten in Malaysia und Hinweise zu weiterführender Literatur.

Wie geht man am besten bei der Bearbeitung des Trainingsmaterials vor?

1. Beginnen Sie mit dem ersten Trainingsabschnitt und lesen Sie die erste Situation aufmerksam durch. Überlegen Sie, wie Sie sich selbst die Situation erklären würden.
2. Wenn Sie für sich eine Erklärung gefunden haben, lesen Sie als Nächstes die unter »Deutungen« angegeben vier Antwortalternativen durch. Überlegen Sie bei jeder Alternative, wie gut diese Ihrer Meinung nach die Situation erklärt. Kreuzen Sie entsprechend auf der Skala unter der Antwortalternative an, wie zutreffend Sie die Antwort finden.
3. Blättern Sie nun weiter zu den Bedeutungen. Die Erläuterungen geben Ihnen eine Rückmeldung zu jeder Antwortalternative. Vergleichen Sie, wie gut Ihre Einschätzungen mit den Antworten aus malaysischer Sicht übereinstimmt. Einige Antwortalternativen erklären die Situation nur mehr oder weniger zutreffend. Es wird aber bei jeder Situation mindestens eine Antwortalternative geben, die das Verhalten aus malaysischer Sicht am besten erklärt.
4. Nachdem Sie die Situation bearbeitet haben, überlegen Sie erst selbst, wie man sich als Deutscher in einer solchen Situation verhalten sollte. Erst danach lesen Sie die Lösungsstrategie. Die darin enthaltenen Vorschläge sollen Ihnen nur als Anregung und nicht als strikte Verhaltensrichtlinien dienen.
5. Bearbeiten Sie in der beschriebenen Weise alle Situationen eines Trainingsabschnitts der Reihe nach. Am Ende des Trainingsabschnitts wird der Kulturstandard erklärt, der den Situationen zugrunde liegt, und seine kulturhistorischen Hintergründe erläutert. Gehen Sie dann zum nächsten Trainingsabschnitt über, der wieder mit einem Fallbeispiel beginnt.
6. Zur Vertiefung ist es sinnvoll, jeden Abschnitt nach der Bearbeitung nochmals zu reflektieren. Wichtig ist, dass Sie nicht nur den Text lesen, sondern selbst eine eigene Vorstellung entwickeln.

Was muss man bei den Fallbeispielen im Training beachten?

Da im Trainingsmanual nur konfliktreiche Begegnungen geschildert werden, kann der Eindruck entstehen, das Leben und Arbeiten in Malaysia sei in erster Linie problematisch. Dem ist natürlich nicht so, sondern es ist lediglich eine Beschränkung auf die Situationen nötig, für die ein besonderer Trainingsbedarf besteht, und das sind nun einmal vornehmlich konfliktreiche Situationen. Betrachten Sie die Fallbeispiele im Training als einen spezifischen Ausschnitt aus dem Leben in Malaysia.

Die beschriebenen malaysischen Denk- und Verhaltensmuster (Kulturstandards) sind zwar typische Muster, aber keineswegs das gesamte Spektrum malaysischen Verhaltens, da es sowohl sehr traditionell geprägte, als auch sehr westlich geprägte Malaysier gibt. Nicht unbedingt jeder Malaysier, der Ihnen begegnet, wird immer und in jeder Situation typisches malaysisches Verhalten zeigen. Entscheidend ist, dass Sie flexibel auf das Verhalten ihres Gegenübers reagieren.

Die malaysische Gesellschaft verändert sich seit dem Ende des 20. Jahrhunderts sehr rasch. Malaysia erscheint auf den ersten Blick fast als ein »westliches« Land, trotzdem sind die traditionellen Werte und Normen noch immer wirksam und gültig. Kulturstandards ändern sich zwar, aber nur sehr langsam und über mehrere Generationen hinweg. Wir wünschen dem Leser, dass er sich mit Hilfe des Trainings auf das Leben und Arbeiten in diesem interessanten Land und die Zusammenarbeit mit malaysischen Partnern gut vorbereiten kann. Viel Spaß und Erfolg!

Plummerer

Themenbereich 1: Ethnotraditionelle Alltagsorientierung

Beispiel 1: Schlafen am Arbeitsplatz

Situation

Herr Theus ist seit knapp einem Jahr in Kuala Lumpur. Er ist stellvertretender Geschäftsführer eines deutsch-malaysischen Wirtschaftsinstituts. Zurzeit ist Ramadan. Wie jeden Monat hat er auch diesmal für Montag 15 Uhr einen Besprechungstermin mit einer nationalen Behörde vereinbart. Als er an diesem Tag pünktlich den entsprechenden Raum in der Behörde betritt, ist es dort dunkel. Er wundert sich und vermutet, dass noch niemand anwesend ist. Nachdem er das Licht angeschaltet hat, stellt er fest, dass alle malaysischen Angestellten mit ihren Köpfen auf den Schreibtischen liegen und offensichtlich schlafen. Er wundert sich über dieses Verhalten während der Arbeitszeit.

Können Sie Herrn Theus das Verhalten der malaysischen Angestellten erklären?

- Lesen Sie nun die Antwortalternativen nacheinander durch.
- Bestimmen Sie den Erklärungswert jeder Antwortalternative für die gegebene Situation und kreuzen Sie ihn auf der darunter befindlichen Skala an. Es ist möglich, dass mehrere Antwortalternativen den gleichen Erklärungswert besitzen.

Deutungen

a) Da in Malaysia ein sehr tropisches Klima herrscht, wird eine längere Mittagspause, wie in Südeuropa die »Siesta«, eingehalten. Nach der Mittagspause öffnen die Behörden und Geschäfte offiziell erst wieder um 16 Uhr. Herr Theus ist jedoch durch Zufall schon früher in das Gebäude gekommen.

sehr zutreffend	eher zutreffend	eher nicht zutreffend	nicht zutreffend

b) Die malaysische Gesellschaft ist sehr gemeinschaftsorientiert, so dass auch im Arbeitsleben regelmäßig Betriebsausflüge organisiert werden. Die gesamte Abteilung der Behörde hatte am Vortag einen Betriebsausflug mit anschließender Abendveranstaltung, die bis in die frühen Morgenstunden andauerte. Daher sind die meisten Mitarbeiter ziemlich übermüdet zur Arbeit gekommen und wollten nach dem Mittagessen eine kurze Pause einlegen, bei der einige einschliefen.

sehr zutreffend	eher zutreffend	eher nicht zutreffend	nicht zutreffend

c) Im Fastenmonat Ramadan dürfen Moslems aus religiösen Gründen tagsüber nichts essen und trinken. Erst nach Sonnenuntergang ist dieses erlaubt, so dass sie dafür auch mehrere Stunden in der Nacht aufbleiben.

sehr zutreffend	eher zutreffend	eher nicht zutreffend	nicht zutreffend

d) Die Moslems in Malaysia beten und meditieren fünfmal am Tag. Eine feste Gebetszeit ist am frühen Nachmittag um zehn vor drei. Da die Mitarbeiter bei den malaysischen Behörden überwiegend Moslems sind, wird diese Gebetszeit während der Arbeit kollektiv eingehalten. Herr Theus interpretiert das gemeinsame Beten als Schlafen.

sehr zutreffend	eher zutreffend	eher nicht zutreffend	nicht zutreffend

– Versuchen Sie, Ihre Einstufung jeder Antwortalternative zu begründen. Halten Sie die Begründung in schriftlicher Form stichpunktartig fest.

– Lesen Sie nun die Erläuterungen zu jeder Antwortalternative durch und vergleichen Sie diese mit Ihren eigenen Begründungen.

■ Bedeutungen

Erläuterung zu a):
Die malaysischen Behörden haben meist eine Mittagspause von 12.45 bis 14.00 Uhr. Es ist unwahrscheinlich, dass die Pause bei dieser Behörde wesentlich länger dauert. Außerdem hätte Herr Theus sonst keinen Termin für 15 Uhr vereinbaren können. Daher ist die Antwort unzutreffend.

Erläuterung zu b):
Es ist üblich, dass malaysische Firmen und Behörden regelmäßig eine gemeinsame Feier haben, die allerdings meist tagsüber mit der ganzen Familie stattfindet. Daher ist es eher unwahrscheinlich, dass es bei dieser Abteilung zu einer Abendveranstaltung bis in die frühen Morgenstunden gekommen ist. Da die meisten Mitarbeiter malaysischer Behörden Moslems sind, würden sie außerdem bei einer solchen Veranstaltung keinen Alkohol trinken und sich beim Ausgehen eher gesittet verhalten. Daher kann die Antwort zur Erklärung der Situation nicht verwendet werden.

Erläuterung zu c):
Es ist sehr wahrscheinlich, dass die malaiischen Mitarbeiter durch das Fasten im Ramadan körperlich geschwächt sind. Es ist für die Mitarbeiter daher üblich, eine längere Mittagspause zu machen, die in dieser Zeit auch bei Nichtmoslems als Selbstverständlichkeit toleriert wird. Im Fastenmonat herrschen besondere Arbeits- und Pausenzeiten. Die Antwort erklärt die Situation vollständig.

Erläuterung zu d):
Es ist zutreffend, dass die malaysischen Moslems fünfmal am Tag zu festen Zeiten beten. Allerdings ist dafür in den meisten malaysischen Behörden ein Gebetsraum oder sogar eine kleine Mo-

schee eingerichtet. Wenn kein spezieller Raum vorhanden ist, wird teilweise auch direkt am Arbeitsplatz gebetet. Malaysische Behörden beschäftigen jedoch so viele Malaien, dass sie spezielle Gebetsräume für ihre Mitarbeiter einrichten. Außerdem findet Herr Theus keine betenden, sondern wirklich schlafende Mitarbeiter vor. Die Antwort erklärt die Situation daher nicht.

■ Lösungsstrategie

Die Staatsreligion in Malaysia ist der Islam. Er besteht aus vielen Riten und Bräuchen, so dass sowohl das Privat- als auch das Arbeitsleben davon wesentlich beeinflusst werden. Der Fastenmonat Ramadan stellt einen Grundpfeiler des Islams dar. Für die Mehrheit der Malaien ist das Fasten im Ramadan daher selbstverständlich. In Deutschland dagegen beeinflusst die christliche Religion nicht das komplette Alltags- und somit auch Arbeitsleben. Ob und wie jemand zum Beispiel die österliche Fastenzeit einhält, wird jeder Person selbst überlassen und hat keinen Einfluss auf dessen Arbeitsleben.

Herr Theus sollte über den Fastenmonat Ramadan informiert sein, vor allem über die veränderten Arbeits- und Pausenregeln. Er sollte diese muslimische Tradition akzeptieren und sich den veränderten Zeiten anpassen. Es ist ratsam, einen Geschäftstermin in diesem Monat auf den Morgen zu legen, da die Mitarbeiter dann körperlich noch nicht so geschwächt sind. Bei sehr wichtigen Terminen wäre es ratsam, diese außerhalb oder am Anfang des Fastenmonats zu vereinbaren.

■ Beispiel 2: Fischessen

■ Situation

Herr Klein lebt seit vier Jahren in Kuala Lumpur. Er arbeitet als Geschäftsführer bei einer deutschen Firma der Elektroindustrie. Für eine Geschäftsbesprechung geht Herr Klein mit seinem malaysischen Geschäftsfreund chinesischer Herkunft, Herrn Weng, essen. Im Restaurant bestellen die beiden Geschäftsfreunde einen ganzen Fisch, der in Sojasoße auf einem großen Teller serviert wird. Als sie die eine Seite des Fisches gegessen haben, dreht Herr Klein den Fisch auf dem Teller um, um besser von der anderen Seite des Fisches essen zu können. Daraufhin entgegnet Herr Weng, dass er von dem Fisch nach dem Umdrehen nicht mehr essen könne, weil sonst das Geschäft mit ihm schief laufen würde. Herr Klein wundert sich über die Äußerung und fragt sich, was der Fisch mit dem Geschäftserfolg zu tun habe.

Wissen Sie, warum sich Herr Weng so verhält?

- Lesen Sie nun die Antwortalternativen nacheinander durch.
- Bestimmen Sie den Erklärungswert jeder Antwortalternative für die gegebene Situation und kreuzen Sie ihn auf der darunter befindlichen Skala an. Es ist möglich, dass mehrere Antwortalternativen den gleichen Erklärungswert besitzen.

■ Deutungen

a) Das Umdrehen des Fisches auf dem Teller wird bei den Chinesen mit dem Kentern eines Fischerbootes verglichen. Für das Geschäft von Herrn Weng und Herrn Klein bedeutet dies daher, dass es ebenfalls zum Scheitern verurteilt ist und es nicht zum Geschäftsabschluss kommt.

sehr zutreffend	eher zutreffend	eher nicht zutreffend	nicht zutreffend

b) Malaysier essen bis auf die Gräten fast alles an einem Fisch, auch die Fischaugen. Herr Weng ist beleidigt über die vorschnelle Art von Herrn Klein, den Fisch umzudrehen. In seinen Augen ist die erste Seite des Fisches noch gar nicht vollständig aufgegessen worden.

sehr zutreffend	eher zutreffend	eher nicht zutreffend	nicht zutreffend

c) Es ist normalerweise Aufgabe des Kellners den Fisch umzudrehen. Da Herr Klein dieses aber übernimmt, stellt er für Herrn

Weng keinen ebenbürtigen Geschäftspartner mehr dar. Wenn zwei Geschäftspartner nicht mehr auf einer Ebene stehen, ist dies ein schlechtes Omen für den bevorstehenden Geschäftsabschluss.

sehr zutreffend	eher zutreffend	eher nicht zutreffend	nicht zutreffend

d) Es wird als sehr unhöflich angesehen und gehört zu den malaysischen Benimmregeln, dass man dann, wenn man sich gemeinsam einen Fisch bestellt, den anderen um Erlaubnis bitten muss, diesen umzudrehen. Herr Weng ist verärgert über das Nichteinhalten der Regel und stellt das Geschäft mit Herrn Klein in Frage.

sehr zutreffend	eher zutreffend	eher nicht zutreffend	nicht zutreffend

- Versuchen Sie, Ihre Einstufung jeder Antwortalternative zu begründen. Halten Sie die Begründung in schriftlicher Form stichpunktartig fest.
- Lesen Sie nun die Erläuterungen zu jeder Antwortalternative durch und vergleichen Sie diese mit Ihren eigenen Begründungen.

■ Bedeutungen

Erläuterung zu a):

Nach chinesischer Vorstellung bringt es Unglück, einen Fisch umzudrehen. Chinesische Fischer glauben, dass ein auf dem Teller umgedrehter Fisch ihr Boot zum Kentern bringt. Dies wird im übertragenen Sinne nun auf die Situation beim Geschäftsessen und weiter auf das anstehende Geschäft bezogen. Herr Weng sieht daher das Geschäft mit Herrn Klein gefährdet. Diese Antwort erklärt die Situation vollständig.

Erläuterung zu b):

Es ist sehr unwahrscheinlich, dass Herr Weng durch das Umdrehen des Fisches beleidigt ist, da sie ja beide von dem Fisch essen und Herr Klein nur höflich sein wollte, indem er den Fisch für das weitere Essen umdrehte. Daher erklärt die Antwort die Situation nicht.

Erläuterung zu c):
Es ist auch in Malaysia nicht Aufgabe des Kellners, den Fisch für die Gäste umzudrehen. Daher ist es sehr unwahrscheinlich, dass Herr Weng sich über das Verhalten von Herrn Klein wundert und ihn anschließend nicht mehr als gleichberechtigten Geschäftspartner sieht. Die Antwort erklärt die Situation daher nicht.

Erläuterung zu d):
Es ist zwar zutreffend, dass es bei den Malaysiern chinesischer Herkunft und auch bei den anderen Ethnien bestimmte Regeln beim Essen gibt. Es wird aber nicht als unhöflich angesehen, wenn ohne Erlaubnis der anderen Gäste die Speisen neu geordnet werden. Diese Antwort erklärt die Situation nicht.

■ Lösungsstrategie

Bestimmte Handlungen, Farben, Gegenstände und Zahlen haben im Alltagsleben der chinesischen Malaysier eine magische Bedeutung, die sich sowohl im Privat- als auch im Arbeitsleben zeigt und von fast allen Chinesen ernst genommen und angewendet wird. Sie glauben an das Walten guter und böser Mächte, die nur schwer beeinflussbar sind. Sie gehen davon aus, dass ihr Handeln unweigerlich von diesen Mächten gelenkt wird.

In Deutschland gibt es ähnliche Erscheinungsformen, zum Beispiel verbindet man mit der Begegnung eines Schornsteinfegers Glück, wohingegen das Überqueren einer Katze von der linken auf die rechte Straßenseite Unglück bedeutet. Allerdings wird dergleichen nicht von allen Deutschen ernst genommen und vor allem nicht im Geschäftsleben angewendet.

Im Gegensatz dazu gibt es eine Reihe von Regeln, die bei einem Geschäftsessen in Malaysia einzuhalten sind. Diese sollte sich Herr Klein vorher aneignen, um von Anfang an in kein Fettnäpfchen zu treten. Er könnte sich bei einheimischen Freunden über den chinesischen Aberglauben erkundigen.

Beispiel 3: Inneneinrichtung

Situation

Herr Mörsen lebt seit zweieinhalb Jahren in Malaysia. Er arbeitet als Abteilungsleiter eines deutschen Unternehmens der Stahlindustrie in Penang. Eines Tages lädt ihn sein malaysischer Geschäftsfreund chinesischer Herkunft, Herr Yang, zu sich nach Hause ein. Herr Mörsen freut sich sehr über diese Einladung. Die beiden Männer sind seit über einem Jahr befreundet. Herr Yang war schon des Öfteren bei Herrn Mörsen zu Hause zu Besuch. Aber bisher hatte Herr Yang seinen deutschen Geschäftsfreund noch nie zu sich nach Hause eingeladen. Als Herr Mörsen am verabredeten Abend zum Haus von Herrn Yang kommt, sieht er drei neue Luxuswagen vor der Tür stehen. Als Herr Mörsen aber das Haus seines Geschäftsfreundes betritt, ist er erschrocken über die einfache Inneneinrichtung. Nur wenige Möbel sind vorhanden, scheinen billig und teilweise nicht mehr ganz funktionstüchtig zu sein. Herr Mörsen wundert sich darüber, da er weiß, dass es seinem Geschäftsfreund finanziell gut geht.

Wie erklären Sie sich die spärliche Inneneinrichtung von Herrn Yang?

- Lesen Sie nun die Antwortalternativen nacheinander durch.
- Bestimmen Sie den Erklärungswert jeder Antwortalternative für die gegebene Situation und kreuzen Sie ihn auf der darunter befindlichen Skala an. Es ist möglich, dass mehrere Antwortalternativen den gleichen Erklärungswert besitzen.

Deutungen

a) Herr Mörsen liegt falsch mit der Annahme, dass es seinem Geschäftsfreund finanziell gut geht. Herr Yang leistet sich daher auch keine guten Möbel. Die Autos, die vor seiner Tür stehen, hat er von seinem Bruder geliehen, der ein großes und luxuriöses Autogeschäft in Kuala Lumpur besitzt. In Malaysia gibt es unter den Malaysiern chinesischer Herkunft viele Autohändler, die vor allem mit ausländischen Wagen handeln.

sehr zutreffend	eher zutreffend	eher nicht zutreffend	nicht zutreffend

b) Es ist für Malaysier chinesischer Herkunft sehr wichtig, in der Öffentlichkeit ihren Status zu zeigen. Daher investiert Herr Yang viel Geld in Autos.

sehr zutreffend	eher zutreffend	eher nicht zutreffend	nicht zutreffend

c) Herr Yang ist ein Autofanatiker und hat in seinem Leben schon viel Geld für Autos ausgegeben. Dafür verzichtet er gern auf teure Möbelstücke. Er weiß, dass Deutsche eher bescheiden sind und weniger Wert auf Status legen. Daher ist es ihm bis jetzt peinlich gewesen, mit seinem deutschen Geschäftsfreund über seine Autos zu sprechen.

sehr zutreffend	eher zutreffend	eher nicht zutreffend	nicht zutreffend

d) Herr Yang ist noch nicht verheiratet. Da es in Malaysia üblich ist, dass sich die Ehefrau um die Inneneinrichtung kümmert und für ein schönes und gemütliches Haus sorgt, ist dies bei Herrn Yang noch nicht geschehen. Als unverheirateter Geschäftsmann ist er meist nur zum Schlafen in seiner Wohnung und legt daher keinen großen Wert auf seine Inneneinrichtung.

sehr zutreffend	eher zutreffend	eher nicht zutreffend	nicht zutreffend

- Versuchen Sie, Ihre Einstufung jeder Antwortalternative zu begründen. Halten Sie die Begründung in schriftlicher Form stichpunktartig fest.
- Lesen Sie nun die Erläuterungen zu jeder Antwortalternative durch und vergleichen Sie diese mit Ihren eigenen Begründungen.

Bedeutungen

Erläuterung zu a):
Es ist eher unwahrscheinlich, dass es Herrn Yang finanziell schlecht geht und sein Bruder ein großes Autogeschäft besitzt. Die beiden Geschäftsmänner sind seit über einem Jahr gut befreundet, so dass es üblich ist, offen über Geld und materielle Güter zu sprechen. Zudem hätte Herr Yang auf jeden Fall schon einmal über die Geschäfte seines Bruders gesprochen und Herr Mörsen hätte diesen eventuell schon einmal kennen gelernt. Eine andere Erklärung ist sicher zutreffender.

Erläuterung zu b):
Es ist zutreffend, dass Malaysier chinesischer Herkunft sehr viel Wert auf Status legen. Es ist ihnen zum Beispiel sehr wichtig, ein teures Auto zu fahren oder eine Markenuhr zu tragen. Besitztümer, die von anderen Menschen gesehen werden können, eignen sich deshalb besser als Statussymbole als Gegenstände, die nur im Inneren eines Hauses sind. Diese Antwort erklärt die Situation beinahe vollständig.

Erläuterung zu c):
Es ist sehr unwahrscheinlich, dass Herr Yang seine Vorliebe für Autos Herrn Mörsen noch nicht erzählt haben soll. Da das Zeigen von Statussymbolen für Malaysier chinesischer Abstammung, vor allem gegenüber Ausländern, einen sehr hohen Stellenwert hat, hätte er sicherlich von Anfang an von seinen Autos erzählt. Daher ist die Antwort ungeeignet, um die Situation zu erklären.

Erläuterung zu d):
Es ist zutreffend, dass die Inneneinrichtung bei Malaysiern zu den Aufgaben einer Ehefrau zählt. Allerdings wird grundsätzlich nicht soviel Wert auf die Inneneinrichtung gelegt, wie dies in Deutschland der Fall ist. Einem Junggesellen in Malaysia ist die Inneneinrichtung noch weniger wichtig, da er meist viel arbeitet und nur selten zu Hause ist. Dieser Umstand erklärt zumindest einen Teil der Situation.

Lösungsstrategie

Das Zeigen von Status ist für Malaysier chinesischer Herkunft besonders wichtig, vor allem einem Ausländer gegenüber. Für materielle Güter, die von jedem gesehen werden können, wie zum Beispiel eine Markenuhr oder ein großes Auto, gibt der Malaysier chinesischer Abstammung deutlich mehr Geld aus als für materielle Güter, die in seiner Wohnung stehen und die nicht jeder sehen kann. Durch seine Güter kann er ausdrücken, dass er vom Glück begünstigt und erfolgreich ist.

In Deutschland ist es nicht unbedingt erwünscht und gehört nicht »zur feinen Art«, seinen Status in der Öffentlichkeit übertrieben zu zeigen. »Understatement« ist gefragt. Wenn jemand seinen Reichtum zu offensichtlich zeigt, wird das eher als Angeberei und Zeichen des schlechten Geschmacks bewertet. Zudem ist in Deutschland die Qualität der Wohnungsausstattungen allgemein höher. Deutsche legen mehr Wert auf eine gemütliche und qualitativ hochwertige Einrichtung.

Herr Mörsen sollte einfach darüber informiert sein, dass eine Inneneinrichtung für einen Malaysier chinesischer Herkunft keinen hohen Stellenwert einnimmt. Wohnungs- und Einrichtungsgegenstände sind reine Gebrauchsgegenstände und keine Luxusartikel, an denen man sich erfreut. Ihm sind Statussymbole wie Autos durchaus wichtiger, da sie von anderen gesehen werden. Klimabedingt hält man sich in Malaysia darüber hinaus viel häufiger im Freien auf. Von der Inneneinrichtung sind daher nicht unbedingt Rückschlüsse auf das wirkliche Einkommen oder Vermögen möglich.

Beispiel 4: Hausfassade

Situation

Herr Karnapp lebt seit acht Monaten in Malaysia. Er ist leitender Manager eines deutschen Versicherungskonzerns in Melaka. Im Konzern sind zu 80 % Malaysier chinesischer Herkunft beschäftigt. Eines Tages beschließt die deutsche Geschäftsleitung, eine

Niederlassung der Versicherungsgesellschaft in ein anderes Gebäude zu verlegen. Das Haus, in das die Niederlassung umziehen soll, ist größer und moderner als das vorherige. Zudem kann der Konzern Geld sparen, denn die Miete ist kostengünstiger als für das vorher genutzte Gebäude. Von Seiten der Mitarbeiter gibt es jedoch Widerstand gegen den Umzug. Die Gründe werden gegenüber Herrn Karnapp aber nicht konkret geäußert. Er ist ratlos und erkundigt sich bei den Mitarbeitern anderer Geschäftsstellen, ob sie Näheres dazu wissen. Aber auch diese geben keinen genauen Grund an. Letztlich schafft es Herr Karnapp nicht, die Mitarbeiter der Niederlassung zu dem Umzug zu bewegen und gibt den Plan auf.

Können Sie das Verhalten der malaysischen Mitarbeiter chinesischer Herkunft erklären?

- Lesen Sie nun die Antwortalternativen nacheinander durch.
- Bestimmen Sie den Erklärungswert jeder Antwortalternative für die gegebene Situation und kreuzen Sie ihn auf der darunter befindlichen Skala an. Es ist möglich, dass mehrere Antwortalternativen den gleichen Erklärungswert besitzen.

Deutungen

a) Wegen der tropischen Temperaturen legen die Malaysier großen Wert darauf, in der Nähe ihres Wohnorts zu arbeiten, um keinen langen Arbeitsweg zu haben. Das Haus, in das die Niederlassung umziehen soll, ist viel weiter vom Stadtzentrum Melakas entfernt. Das würde für einen Großteil der Mitarbeiter bedeuten, dass sie einen viel längeren Weg zur Arbeit hätten.

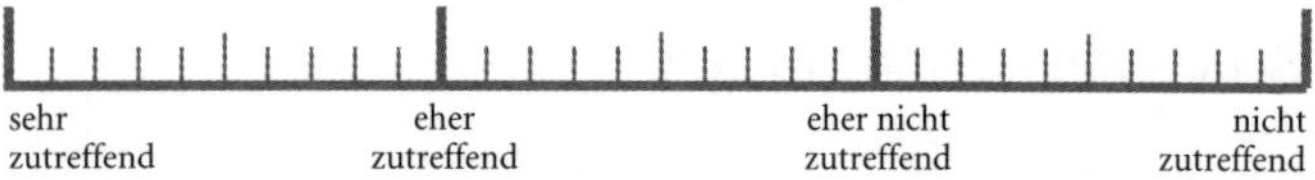

b) Der Großteil der Malaysier chinesischer Ethnie gehört dem Buddhismus an. Dieser ist auch im Geschäftsleben präsent. Für Buddhisten lebt in jedem Gegenstand ein böser oder guter Geist. In ihren Büros sind sie über das Leben der Geister im Bilde und haben böse Geister bereits vertrieben. Sie sind in ihrer Umgebung glücklich und wollen daher nur sehr ungern umziehen.

sehr zutreffend — eher zutreffend — eher nicht zutreffend — nicht zutreffend

c) Malaysier chinesischer Herkunft leben traditionell mit ihrer meist großen Familie auf relativ kleiner Wohnfläche. Sie sind daran gewöhnt und fühlen sich in der Gemeinschaft sicher. Der Gedanke an ein größeres Haus, wo die Mitarbeiter unter Umständen nicht so eng zusammen sitzen können, bereitet ihnen Unbehagen.

sehr zutreffend — eher zutreffend — eher nicht zutreffend — nicht zutreffend

d) Die Häuserfassade des neuen Gebäudes hat eine ungünstige Form. Dies würde für das Arbeiten in diesem Gebäude Unglück und andauernden Misserfolg bedeuten. Daher sträuben sich die Mitarbeiter gegen den Umzug.

sehr zutreffend — eher zutreffend — eher nicht zutreffend — nicht zutreffend

- Versuchen Sie, Ihre Einstufung jeder Antwortalternative zu begründen. Halten Sie die Begründung in schriftlicher Form stichpunktartig fest.
- Lesen Sie nun die Erläuterungen zu jeder Antwortalternative durch und vergleichen Sie diese mit Ihren eigenen Begründungen.

■ Bedeutungen

Erläuterung zu a):
Es ist unwahrscheinlich, dass die Mitarbeiter wegen eines möglicherweise längeren Arbeitswegs Widerstand leisten. Malaysier chinesischer Abstammung verfügen meist über eine hohe Arbeitsmotivation und verhalten sich sehr loyal ihrem Arbeitgeber gegenüber. Diese Antwort ist daher unzutreffend.

Erläuterung zu b):
Es ist zutreffend, dass die meisten Malaysier chinesischer Herkunft dem Buddhismus angehören. Allerdings gibt es in dieser Religion keine bösen und guten Geister. Dieses Konzept entstammt den Naturreligionen, nach denen die gesamte Welt von Geistern aller Art bevölkert ist. Dieser Einfluss ist vor allem bei den Ureinwohnern Malaysias stark vertreten, fließt jedoch auch zum Teil in die anderen Religionen mit ein. Es ist jedoch sehr unwahrscheinlich, dass diese Antwort die Situation erklärt.

Erläuterung zu c):
Es ist zutreffend, dass es Malaysier gewöhnt sind, in Großfamilien zu leben und stark in eine Gemeinschaft eingebunden zu sein. Jedoch sind Malaysier chinesischer Abstammung sehr offen gegenüber Modernisierungen und würden einen größeren und moderneren Arbeitsraum sicherlich nicht ablehnen. Die Antwort erklärt die Situation daher nicht.

Erläuterung zu d):
Feng Shui hat bei den Malaysiern chinesischer Herkunft einen hohen Stellenwert. Besonders bei Umzügen müssen Feng-Shui-Regeln beachtet und eingehalten werden. Die Häuserfassade des neuen Gebäudes stellt eindeutig ein negatives Omen für das Arbeiten in der neuen Niederlassung dar. Da es für die Mitarbeiter eine so hohe Bedeutung hat, verweigern sie kollektiv den Umzug. Diese Antwort erklärt die Situation vollständig.

■ Lösungsstrategie

Feng Shui hat bei den Malaysiern chinesischer Herkunft eine sehr große Bedeutung, die sich sowohl im Privat- als auch im Arbeitsleben deutlich zeigt. Es gibt viele Familien, die sich ihr Heim nach Feng-Shui-Regeln einrichten oder sogar einen Feng-Shui-Meister zur Hilfe bitten. Im Geschäftsleben werden neue Büros oder ein Umzug nach diesen Regeln ausgerichtet.

In Deutschland ist Feng Shui in den letzten Jahren populär geworden, einige Architekten bieten bereits an, dass Haus oder die Inneneinrichtung nach Feng-Shui-Regeln zu entwerfen. Allerdings wird bei Umzügen im Geschäftsleben in Deutschland auf die Einhaltung dieser Regeln nicht geachtet, sie finden eher im privaten Bereich Anwendung.

Herr Karnapp sollte über die Bedeutung und Wichtigkeit von Feng-Shui-Regeln im Geschäftsleben informiert sein. Es wäre vor einem Umzug sicherlich sinnvoll, einen Feng-Shui-Meister zu befragen, ob das neue Gebäude geeignet ist. Dies könnte den Mitarbeitern dann mitgeteilt werden. Ebenfalls von Bedeutung ist nach dem Umzug die exakte Einrichtung des Gebäudes nach Feng-Shui-Regeln.

■ Beispiel 5: Abruptes Ende

■ Situation

Herr Klische ist vor zwei Jahren nach Malaysia gekommen und hat sich mit einer Unternehmensberatung selbstständig gemacht. Er ist mit seinem malaysischen Geschäftspartner chinesischer Herkunft, Herrn Ling, auch privat gut befreundet. Ein- bis zweimal im Monat gehen beide Geschäftsfreunde mit ihren Ehefrauen abends essen. Weil sich das einheimische Ehepaar gut auskennt, schlagen Herr und Frau Ling jeweils gute Restaurants vor, in denen die beiden Ehepaare dann gemeinsam zu Abend essen. Jedes Mal ist Frau Klische von den Vorschlägen der einheimischen Freunde begeistert. Das Essen schmeckt immer sehr gut. Über eines wundert sie sich jedoch. Sobald Herr Ling und seine Frau mit dem Essen fertig sind, stehen die beiden sofort auf und gehen nach Hause. Meist ist es dann erst neun Uhr abends. Das Ehepaar Klische fragt sich, warum die chinesischen Freunde immer so schnell nach dem Essen das Restaurant verlassen.

Können Sie Herrn und Frau Klische das Verhalten des Ehepaares Ling erklären?

- Lesen Sie nun die Antwortalternativen nacheinander durch.
- Bestimmen Sie den Erklärungswert jeder Antwortalternative für die gegebene Situation und kreuzen Sie ihn auf der darunter befindlichen Skala an. Es ist möglich, dass mehrere Antwortalternativen den gleichen Erklärungswert besitzen.

Deutungen

a) Malaysier chinesischer Herkunft sind sehr arbeitswillig und fleißig. Sie bevorzugen ein diszipliniertes Leben, bei dem sie schon sehr früh aufstehen. Daher ist es für sie selbstverständlich, eine Abendveranstaltung früh zu verlassen und früh ins Bett zu gehen, um am nächsten Morgen zeitig mit der Arbeit beginnen zu können.

sehr zutreffend	eher zutreffend	eher nicht zutreffend	nicht zutreffend

b) Eine Vorstellung von einem »gemütlichen« Abendessen existiert bei den Malaysiern chinesischer Abstammung nicht. Sie gehen meist in Restaurants essen, weil es schneller und billiger ist, als das Essen selbst zu Hause zuzubereiten.

sehr zutreffend	eher zutreffend	eher nicht zutreffend	nicht zutreffend

c) Malaysier chinesischer Herkunft sind sehr sparsam. Da die alkoholischen Getränke in Malaysia sehr teuer sind, vermeiden sie es nach dem Essen, sitzen zu bleiben, um nicht weitere Getränke bestellen zu müssen.

sehr zutreffend	eher zutreffend	eher nicht zutreffend	nicht zutreffend

d) In Malaysia wird es in einem Restaurant als unhöflich angesehen, wenn man nach dem Essen zu lange am Tisch sitzen bleibt. Vor allem in chinesischen Restaurants wird ziemlich schnell gegessen und sofort danach bekommt man die Rechnung gebracht. Der geschäftstüchtige Besitzer hofft darauf, seine Tische jeweils mehrfach am Abend mit Gästen besetzen zu können.

sehr zutreffend	eher zutreffend	eher nicht zutreffend	nicht zutreffend

- Versuchen Sie, Ihre Einstufung jeder Antwortalternative zu begründen. Halten Sie die Begründung in schriftlicher Form stichpunktartig fest.
- Lesen Sie nun die Erläuterungen zu jeder Antwortalternative durch und vergleichen Sie diese mit Ihren eigenen Begründungen.

■ Bedeutungen

Erläuterung zu a):
Es ist zutreffend, dass Malaysier chinesischer Herkunft sehr fleißig sind. Allerdings ist nicht davon auszugehen, dass sie bereits so früh ins Bett gehen. Malaysier chinesischer Abstammung gehen oft nach dem Essen noch in eine Bar oder Karaoke-Bar, um ausgiebig zu feiern. Die Antwort eignet sich daher nicht zur Erklärung der Situation.

Erläuterung zu b):
Abends in einem Restaurant essen zu gehen, hat für Malaysier tatsächlich eine andere Bedeutung als für einen Deutschen. Den Malaysiern geht es primär um die schnelle und günstige Nahrungsaufnahme, die wenig Arbeit bereitet. Zudem sind die Restaurants meist nicht besonders gemütlich eingerichtet. Das Erzählen nach dem Essen verlegen sie daher eher in eine Bar oder Karaoke-Bar. Die Antwort kann die Situation vollständig erklären.

Erläuterung zu c):
Es ist unbestritten, dass Malaysier chinesischer Abstammung sparsam sind. Allerdings sind alkoholische Getränke in Malaysia nicht wesentlich teurer als alkoholfreie Getränke. Die Antwort erklärt die Situation daher nicht.

Erläuterung zu d):
Malaysier chinesischer Abstammung sind durchaus geschäftstüchtig, jedoch trotzdem freundlich und zuvorkommend. Daher würde ein Restaurantbesitzer seine Gäste nicht drängen, den Tisch direkt nach dem Essen zu verlassen. Da allerdings für Malaysier nach dem Essen der Zweck des Restaurants erfüllt ist, be-

steht für sie kein Grund, darüber hinaus am Tisch zu verweilen. Die Antwort erklärt die Situation somit nicht.

■ Lösungsstrategie

Viele malaysische Restaurants, vor allem die, die von Chinesen geführt werden, dienen an erster Stelle der schnellen Nahrungsaufnahme. Es ist für einen Malaysier chinesischer Herkunft praktisch, günstig und auch zeitsparender, in einem Restaurant essen zu gehen, als sich zu Hause etwas zuzubereiten.

In Deutschland dagegen ist es in den meisten Fällen noch etwas Besonderes, wenn man sich abends zum Essen in einem Restaurant verabredet, da damit oft ein bestimmter Anlass, zum Beispiel Geburtstag, gefeiert wird oder man sich mit guten Freunden trifft. Es geht in erster Linie um das Gemeinschaftserlebnis. Zudem verfügen deutsche Restaurants meist auch über eine besondere Einrichtung, sei es gemütlich, elegant oder sehr modern, um die Gäste zum Verweilen einzuladen.

Daher sollten Herr und Frau Klische wissen, dass es für Malaysier chinesischer Herkunft nicht den gleichen »Genuss« darstellt, in einem Restaurant essen zu gehen wie für Deutsche. Wenn sie sich länger mit ihren Freunden treffen möchten, sollten sie direkt vereinbaren, nach dem Essen in eine Bar zu gehen. Eine weitere Möglichkeit würde darin bestehen, die einheimischen Freunde nach Hause einzuladen, da sie bei einer solchen Einladung bestimmt länger bleiben würden.

■ Kulturelle Verankerung von »Ethnotraditionelle Alltagsorientierung«

Malaysia ist eine ethnisch heterogene Nation. Die drei Hauptethnien in Malaysia sind Malaien (ca. 60 % der Bevölkerung), Malaysier chinesischer (ca. 30 % der Bevölkerung) sowie Malaysier indischer Herkunft (ca. 10 %). Jede Ethnie hat ihre spezifischen Religionen, Traditionen, Sitten und Bräuche, die das jeweilige Privat- und Arbeitsleben in unterschiedlicher Form prägen und handlungsleitend sind. Für die Zusammenarbeit mit den ethnischen Gruppen spielt die aus den jeweiligen Glaubensrichtungen resultierende Etikette und die konkrete Praktizierung der Glaubensausübung eine besondere Rolle und muss beachtet werden.

Deutschland ist im Gegensatz zu Malaysia ein ethnisch homogenes Land. Der gesamte Ausländeranteil mit acht Prozent ist gering und die Traditionen der Deutschen somit einheitlicher als die der Malaysier. Deutschland ist ein Land mit christlichen Wurzeln. Das Christentum mit seinen beiden größten christlichen Gemeinschaften, der katholischen und protestantischen Kirche, ist die verbreitetste Religion. Ihre Riten beeinflussen das Alltagsleben weniger als die Riten der in Malaysia verbreiteten Religionen. Die Praktizierung des Glaubens hat für das Arbeitsleben wenig Bedeutung, man geht meist nur sonntags zum Gottesdienst in die Kirche. Im Gegensatz zu Malaysia, wo es undenkbar ist, konfessionslos zu sein, ist Atheismus in Deutschland zunehmend verbreitet.

Die Staatsreligion in Malaysia ist der Islam. Die malaiische Bevölkerungsgruppe sowie einige Malaysier indischer Herkunft gehören dem Islam an. Die gängige Reduzierung oder gar Essenzialisierung des Islambegriffs auf Religion greift dabei allerdings entschieden zu kurz. In der heutigen islamischen Welt umfasst der Begriff nicht nur den religiösen, sondern ebenso den kulturellen, den politischen, den ökonomischen und den privaten Lebensbereich. Islamisch zu sein oder zu leben ist eine Identitätsfrage, keine reine Glaubensfrage. Für viele stellt der Islam eine Lebensart, einen »way of life« dar. Die gemeinsamen Bezugspunkte für den Begriff Religion in allen islamischen Gesellschaften sind bestimmte kultische Verpflichtungen, die so genannten fünf Säulen. Zu diesen fünf Säulen zählen: das Glaubensbekenntnis, das fünfmal tägliche Gebet, die Almosenspende, das Fasten (im Ramadan) sowie eine Pilgerfahrt und der Glaube an den offenbarten Koran als das buchgewordene Wort Gottes. In diesen religiösen Verpflichtungen zeigt sich, wie stark der Islam den Alltag durchzieht. Während des Ramadan wird von Sonnenaufgang bis Sonnenuntergang gefastet, dies beeinträchtigt natürlich die körperliche und geistige Konstitution und es ist damit zu rechnen, dass muslimische Mitarbeiter und Mitarbeiterinnen während der Fastenzeit mit fortschreitender Zeit geschwächt sind und ihre Arbeitsleistung unter Umständen abnimmt. Bei Arbeitsessen ist zu beachten, dass Moslems der Genuss von Alkohol sowie der Verzehr von Schweinefleisch untersagt ist. Besondere Regelungen gelten auch für ihre Gebete, die zu festen Zeiten tagsüber stattfinden. Muslimische Mitarbeiter werden hierfür von der Arbeit befreit, teilweise haben Bürokomplexe eigens Gebetsräume.

Obwohl der Islam Staatsreligion ist, herrscht in Malaysia Religionsfreiheit. Malaysier chinesischer Herkunft gehören vor allem dem Buddhismus und Taoismus an, einige von ihnen sind Christen. Der Buddhismus ist die Suche nach Wahrheit und Erleuchtung. Diese Ziele können erreicht werden, wenn das Dharma, die von Buddha erläuterten allumfassenden Prinzipien der Rechtschaffenheit, befolgt werden. Der Buddhismus hat keine Gottheit, kein Glaubensdogma, das Alltagsleben der chinesischstämmigen Bevölkerung wird nicht von religiösen Riten durchzogen. Einfluss auf das Alltagsleben haben vor allem Aberglaube und Feng Shui. Chinesischstämmige Malaysier sind sehr abergläubisch, es gibt verschiedene Gegenstände, die man besser nicht verschenken sollte, zum Beispiel Uhren, Messer, Strohsandalen. Das würde dem Beschenkten Unglück bringen. Das chinesische Wort für »Uhr« kann auch »zu einer Beerdigung gehen« bedeuten. Deshalb gilt ein solches Geschenk als böses Omen. Scharfe Gegenstände wie Messer symbolisieren das Zerbrechen einer Freundschaft und Strohsandalen werden vorrangig bei Beerdigungen getragen, deshalb sollte man auch sie nicht verschenken. Außerdem gibt es bestimmte Zahlen, die Glück oder Unglück bringen. Die Zahl Vier zum Beispiel bringt Unglück, die Zahl Acht hingegen Glück.

Neben dem Aberglauben spielt Feng Shui im Alltagsleben der Malaysier, besonders der chinesischstämmigen Bevölkerung, eine große Rolle. Feng Shui wird als die Kunst bezeichnet, in Harmonie mit der Umgebung zu leben. Manchmal wird der Begriff auch einfach mit »Umgebung« übersetzt. Hält man sich an Feng-Shui-Regeln, so glauben Feng-Shui-Anhänger, lebt man im Gleichgewicht mit seiner Umwelt und erntet Frieden und Wohlstand.

Man geht davon aus, dass unsichtbare Energiewellen existieren und dass bestimmte Orte eine bestimmte Ausstrahlung besitzen, die man für sich nutzen sollte. Manchmal wird der Ausdruck auch einfach im Sinne von Glücks- oder Pechsträhne benutzt. So genannte Feng-Shui-Meister gestalten Wohn- und Arbeitsräume, so dass Energie gut »fließen« kann. Räume, deren Gestaltung sich nach Feng-Shui-Regeln richten, sollen zum Arbeiten optimal sein und verheißen gute Geschäfte. Privaträume bringen familiäres Glück, wenn sie entsprechend gestaltet sind. Auch die Form von Gebäuden und deren Umgebungen spielen eine Rolle. Ist die Form eines Bürogebäudes ungünstig oder dessen Umgebung, so wird nach chinesischem Glauben der Geschäftserfolg ausbleiben. So kann es vorkommen, dass sich eventuell die chinesischstämmige Belegschaft eines Konzerns sehr gegen einen Umzug zur Wehr setzt, gegen den nach europäischem Denken eigentlich nichts einzuwenden ist.

Eine weitere Besonderheit im Umgang mit chinesischen Malaysiern ist deren Pragmatismus. Sie sind sehr geschäftstüchtig und fleißig und in diesem Sinne auch sehr pragmatisch. Restaurants sind zum Essen da. Wozu nach dem Essen noch lange herumsitzen? Gemütlichkeit kennen chinesischstämmige Malaysier nicht, sie hat für sie keinen praktischen Nutzen. Und wozu eine schicke Inneneinrichtung anschaffen, wenn man sich mit Freunden und Geschäftspartnern sowieso meist in Restaurants oder Karaoke-Bars verabredet? Dann lieber in der schicken Limousine vorfahren, so kann man zeigen, wer man ist. Chinesen denken und leben praktisch.

Die Inder in Malaysia sind in der Mehrzahl Hindus, eine Minderheit gehört dem Islam an. Der Hinduismus hat keine in sich geschlossene dogmatische Lehre. Nur einige sehr allgemeine Grundlagen sind allen Sekten gemeinsam, vor allem die Lehre vom Karma und von der Wiedergeburt. Das Wort Karma ist indisch und bedeutet »Tat« oder »Werk«. Das Karma bestimmt das Schicksal des Menschen im gegenwärtigen Leben und in zukünftigen Geburten. Die Lehre vom Karma gilt als Grundlage für den Hinduismus. Der endlosen Kette der Wiedergeburten, dem Samsara, zu entrinnen, ist Ziel der Erlösung. Da Wiedergeburt auch als Tier möglich ist, gilt die Schonung alles Lebendigen als höchstes Gebot. Daher praktizieren Hindus meist strengen Vegetarismus. Das Rind gilt als heilig, Rindfleisch ist somit für Inder tabu. Im Weltbild des Hinduismus befindet sich die ewige Welt in einem ständigen Prozess des Werdens und Vergehens. Aus der Vielzahl der Götter ragen die Dreiheit Brahma, Shiva und Vishnu heraus. Neben den großen Göttern stehen viele kleine Gottheiten, die oft nur lokale Bedeutung haben.

Wenn man in Malaysia lebt, ist es ratsam, sich vorher zu informieren, wenn man auf Feierlichkeiten eingeladen wird. Jede Ethnie begeht ihre Feste verschieden. Bei chinesischen Hochzeiten beispielsweise werden Geldgeschenke erwartet, wobei sich die Höhe des Geldbetrages nach den Kosten für das Festessen richtet. Geht man indes auf eine malaiische Hochzeit, so sind persönlich ausgesuchte Geschenke höher geschätzt als Geldgeschenke. Bei der Bekleidung ist darauf zu achten, dass man nicht rücken- oder schulterfrei auf eine Hochzeit geht. Auch kann es sein, dass man als Mann der Braut lieber nicht die Hand reichen sollte, dies könnte als unschicklich gelten. Das ist unterschiedlich zwischen Land und Stadt und von Familie zu Familie. Indische Hochzeiten verlaufen ähnlich wie malaiische Hochzeiten, nur ist hier das Hand-Geben der Braut unproblematisch. Allerdings ist bei indischen Festlichkeiten darauf zu achten, dass man mit der rechten Hand isst, denn die linke Hand gilt bei den Indern als unrein.

Es gibt auch für Trauerfeierlichkeiten und für Feiern zu Geburten ethnisch unterschiedliche Bräuche. Günstig ist es, sich vor einer solchen Feier bei Kollegen oder Freunden zu erkundigen, damit man weiß, was von einem erwartet wird und wie man sich höflich und angemessen verhält.

Malaysia hat diesen multiethnischen Charakter letztlich den Briten zu verdanken. Die Besetzung Melakas durch die Portugiesen im Jahre 1511 war Beginn der modernen Kolonialgeschichte Malaysias. Ab 1641 übernahmen die Holländer die Kontrolle über dieses wichtige Handelszentrum. 1795 besetzte Großbritannien Melaka und fasste es Anfang des 19. Jahrhundert mit Penang und Singapur zu den »Straits Settlements« (Siedlungen an der Wasserstraße) zusammen. Das vorrangige Ziel war der Handel und der Zugang zu Rohstoffen, notwendig für die fortschreitende Industrialisierung Europas. Aufgrund von Arbeitskräftemangel erfolgte die Rekrutierung einer großen Zahl von Arbeitsimmigranten aus China und Indien. Hier wurde der Grundstein für die multiethnische Bevölkerungsverteilung Malaysias gelegt. Sowohl Chinesen als auch Inder brachten ihre Traditionen, Religionen und Bräuche mit nach Malaysia, deren Urbevölkerung die ethnische Gruppe der Malaien darstellte. So ist der Islam angereichert mit Elementen und Ritualen, die aus dem Hinduismus, Animismus, Daoismus oder Buddhismus stammen. Auch bestimmte volkstümliche Bräuche und Gewohnheiten sind mit islamischen Traditionen und Ritualen verschmolzen.

Plannerer

Themenbereich 2: Hierarchieorientierung

Beispiel 6: Der Chef kommt

Situation

Herr Schneidereit arbeitet seit zwei Jahren in Malaysia. Er ist dort Geschäftsführer der Niederlassung eines internationalen Großunternehmens der Luftfahrt. Unter seiner Leitung arbeiten etwa 30 Malaysier. Als Herr Schneidereit an seinem ersten Arbeitstag das Büro betritt, stehen alle Mitarbeiter sofort auf und geben ihm zur Begrüßung die Hand. Er ist sehr erfreut über diese freundliche Geste. Als er am darauffolgenden Tag zur Arbeit ins Büro kommt, ist Herr Schneidereit sehr überrascht, denn erneut stehen alle Mitarbeiter auf und geben ihm die Hand. Diese Form von Begrüßung erlebt er seitdem jeden Tag. Herr Schneidereit wundert sich, warum er stets so förmlich empfangen wird und jedes Mal 30 Hände schütteln muss.

Wie ist das Verhalten der Mitarbeiter zu erklären?

- Lesen Sie nun die Antwortalternativen nacheinander durch.
- Bestimmen Sie den Erklärungswert jeder Antwortalternative für die gegebene Situation und kreuzen Sie ihn auf der darunter befindlichen Skala an. Es ist möglich, dass mehrere Antwortalternativen den gleichen Erklärungswert besitzen.

Deutungen

a) Da Herr Schneidereit aus dem europäischen Ausland kommt, ist er für seine malaysischen Mitarbeiter eine besondere Respekts- und Autoritätsperson. Dies zeigen seine Mitarbeiter durch ein besonders höfliches und formales Verhalten ihm gegenüber.

sehr zutreffend	eher zutreffend	eher nicht zutreffend	nicht zutreffend

b) Durch die regelmäßig förmliche Begrüßung drücken die Mitarbeiter besonderen Respekt und Anerkennung gegenüber seiner Position aus.

sehr zutreffend	eher zutreffend	eher nicht zutreffend	nicht zutreffend

c) In der regelmäßig freundlichen Begrüßung sehen die Mitarbeiter auf lange Sicht eine Möglichkeit, ein gutes Verhältnis zu ihrem neuen Chef aufzubauen.

sehr zutreffend	eher zutreffend	eher nicht zutreffend	nicht zutreffend

d) Da der leitende malaysische Angestellte am ersten Tag Herrn Schneidereit in dieser Form begrüßt hat, glauben die anderen malaysischen Mitarbeiter an eine allgemein gültige Norm in Deutschland, die sie ihrem deutschen Chef gegenüber auf jeden Fall einhalten möchten.

sehr zutreffend	eher zutreffend	eher nicht zutreffend	nicht zutreffend

- Versuchen Sie, Ihre Einstufung jeder Antwortalternative zu begründen. Halten Sie die Begründung in schriftlicher Form stichpunktartig fest.
- Lesen Sie nun die Erläuterungen zu jeder Antwortalternative durch und vergleichen Sie diese mit Ihren eigenen Begründungen.

Bedeutungen

Erläuterung zu a):
Aufgrund der vergangenen Kolonialgeschichte kann es vorkommen, dass Europäer mit besonders viel Respekt von ihren malaysischen Mitarbeitern behandelt werden. Dieses Verhalten geht allerdings zunehmend zurück. Die Antwort erklärt daher nur einen Teil der Situation.

Erläuterung zu b):
In der malaysischen Gesellschaft zeigt sich eine stark hierarchische Strukturierung, die auch im Arbeitsleben sehr präsent ist. Vor hierarchisch höher stehenden Personen hat man automatisch Respekt und bringt diesen auch zum Ausdruck. Diese Antwort erklärt die Situation größtenteils.

Erläuterung zu c):
Für die malaysischen Mitarbeiter ist es tatsächlich wichtig, ein gutes Verhältnis zum Chef aufzubauen. Allerdings ist es fraglich, ob sie diesen gewünschten Beziehungsaufbau nicht besser über persönliche Gespräche erreichen. Die Antwort erklärt die Situation daher nur teilweise.

Erläuterung zu d):
Es ist durchaus denkbar, dass dieses Begrüßungsritual als eine Art von Gruppennorm verstanden wird. Da die Einhaltung von Gruppennormen einen hohen Stellenwert in Malaysia hat, halten sich alle Mitarbeiter daran und keiner hat den Mut, mit diesem Ritual aufzuhören. Daher erklärt die Antwort ebenfalls einen Teil der Situation.

Lösungsstrategie

In der malaysischen Gesellschaft herrscht eine starke Orientierung an Hierarchien vor. Ein Chef wird immer respektvoll behandelt und nicht kritisiert, auch wenn man mit seinem Verhalten nicht einverstanden ist. Ein Aufweichen der Strukturen auch bei längerer Zusammenarbeit findet nur sehr selten statt. Insgesamt herrscht ein eher unterwürfiges Verhalten dem Chef gegenüber, was eventuell bei einem weißen Chef noch ausgeprägter sein kann.

Auch in Deutschland herrscht in vielen Großunternehmen noch immer ein sehr starkes Hierarchiegefälle. Je nach Unternehmensbranche oder Altersstruktur finden sich in Deutschland jedoch auch zunehmend flachere Strukturen, zum Beispiel in der IT-Branche. Allerdings ist das Verhältnis zum Chef auch bei stark ausgeprägten Hierarchien nicht vergleichbar mit dem in Malaysia. Deutsche Mitarbeiter zeigen zwar Respekt, haben aber meist ein eher partnerschaftliches Verhältnis zu ihrem Chef.

Herr Schneidereit sollte sich daher seiner besonderen Position bewusst sein und sich nicht über das respektvolle Verhalten seiner Mitarbeiter wundern, sondern es erfreut aufnehmen.

Wenn er allerdings nicht jeden Tag auf diese förmliche Art und Weise begrüßt werden möchte, sollte er es höflich zum Ausdruck bringen. Er könnte es mit dem leitenden malaysischen Angestellten besprechen, der es dann in der richtigen Form seinen Kollegen mitteilen könnte.

Beispiel 7: Begrüßungsreihenfolge

Situation

Herr und Frau Hoffknecht leben seit vier Jahren in Malaysia. Herr Hoffknecht hat sich mit einem Beratungsunternehmen in Kuala Lumpur selbstständig gemacht. Er berät deutsche Firmen, die in Malaysia eine Niederlassung eröffnen wollen. Während ihres Aufenthaltes im Gastland konnte das Ehepaar Hoffknecht bereits freundschaftliche Kontakte zu einigen einheimischen Ehepaaren knüpfen. Regelmäßig treffen sie sich mit malaysischen Freunden chinesischer Herkunft zum Abendessen im Restaurant. Zu einem vereinbarten Treffen sitzt das deutsche Ehepaar bereits im Restaurant. Als die befreundeten Paare kommen, begrüßen die einheimischen Männer zuerst Herrn Hoffknecht. Als sie anschließend Frau Hoffknecht begrüßen und ihr die Hand geben, schauen sie sie nicht an, während sie dies bei ihrem Mann zuvor getan haben.

Wie ist das Verhalten der malaysischen Freunde chinesischer Herkunft zu erklären?

- Lesen Sie nun die Antwortalternativen nacheinander durch.
- Bestimmen Sie den Erklärungswert jeder Antwortalternative für die gegebene Situation und kreuzen Sie ihn auf der darunter befindlichen Skala an. Es ist möglich, dass mehrere Antwortalternativen den gleichen Erklärungswert besitzen.

Deutungen

a) Die Malaysier chinesischer Herkunft besitzen einen ausgeprägten Geschäftssinn. Da sie wissen, dass die Geschäfte nur mit Herrn Hoffknecht abgeschlossen werden können, messen sie seiner Frau weniger Bedeutung zu.

sehr zutreffend	eher zutreffend	eher nicht zutreffend	nicht zutreffend

b) Die Reihenfolge der Begrüßung richtet sich üblicherweise nach dem Rang in der Gesellschaft. Da der Mann in Malaysia einen höheren Stellenwert innehat, wird Herr Hoffknecht vor seiner Frau begrüßt.

sehr zutreffend	eher zutreffend	eher nicht zutreffend	nicht zutreffend

c) Bei den Malaysiern besteht eine große Unwissenheit und Unsicherheit darüber, wie man sich europäischen Frauen gegenüber verhält oder wie man sie begrüßt.

sehr zutreffend	eher zutreffend	eher nicht zutreffend	nicht zutreffend

d) Einer Frau in die Augen zu schauen, gilt in Malaysia als zu direkt und wird daher als unhöflich angesehen.

sehr zutreffend	eher zutreffend	eher nicht zutreffend	nicht zutreffend

- Versuchen Sie, Ihre Einstufung jeder Antwortalternative zu begründen. Halten Sie die Begründung in schriftlicher Form stichpunktartig fest.
- Lesen Sie nun die Erläuterungen zu jeder Antwortalternative durch und vergleichen Sie diese mit Ihren eigenen Begründungen.

Bedeutungen

Erläuterung zu a):
Es ist zutreffend, dass Malaysier chinesischer Herkunft über einen ausgeprägten Geschäftssinn verfügen und Geschäfte auch üblicherweise beim Essen besprochen werden. Allerdings würden sich die Männer dann von Anfang an ohne Frauen treffen, so dass andere Antworten die Situation besser erklären.

Erläuterung zu b):
Die hierarchische Strukturierung der Gesellschaft ist in Malaysia stark ausgeprägt. Der malaysische Mann steht dabei über der malaysischen Frau. Die unterschiedlichen Ränge in der Öffentlichkeit zeigen sich auch deutlich am unterschiedlichen Begrüßungsverhalten gegenüber einem Mann oder einer Frau. Die Antwort erklärt die Situation somit größtenteils.

Erläuterung zu c):
In Malaysia, und vor allem in Kuala Lumpur, sind in den letzten Jahren viele westliche Einflüsse erkennbar geworden. Es ist also für Malaysier nicht außergewöhnlich, dass sie auf eine Europäerin treffen. Zudem treffen sie Frau Hoffknecht auch nicht zum ersten Mal. Daher ist ihr Begrüßungsverhalten nicht mit Unsicherheit zu erklären. Die Antwort ist nicht zutreffend.

Erläuterung zu d):
Es gehört sich in Malaysia nicht, einer Frau direkt in die Augen zu schauen. Es wird als ein Zeichen von Distanzlosigkeit und Unhöflichkeit interpretiert. Die Antworten b) und d) erklären die Situation somit vollständig.

Lösungsstrategie

Die malaysische Gesellschaft ist stark hierarchisch organisiert, so steht der Ältere über dem Jüngeren und der Mann über der Frau. Obwohl ein Großteil der malaysischen Frauen arbeiten geht und auch in der Familie den Ton angibt, hat der Mann jedoch immer noch den höheren Rang in der Öffentlichkeit. Viele Frauen gehen etwas versetzt hinter ihrem Mann auf der Straße, lassen ihren Mann bei der Bestellung in einem Restaurant sprechen und werden auch von anderen Personen erst nach ihrem Mann begrüßt. Die Stellung der Frau ist in Malaysia weniger gleichberechtigt als in Deutschland. Der Umgang zwischen den Geschlechtern ist zudem weniger offen, und direkter Augenkontakt zwischen Mann und Frau wird in Malaysia als zu intim angesehen und daher in der Öffentlichkeit vermieden.

In Deutschland dagegen ist die Emanzipation schon weiter fortgeschritten. Bei der Begrüßung ist es sogar aus Höflichkeitsgründen eher der Fall, dass die Frau zuerst begrüßt wird. Frau Hoffknecht sollte sich über das übliche einheimische Begrüßungsritual und dessen Hintergrund umfassend informieren. Das Verhalten der einheimischen Männer, das in Deutschland als unhöflich und ignorant angesehen würde, sollte sie als respektvolles Handeln gegenüber ihrer Person deuten. Dass sie überhaupt per Handschlag begrüßt wird, stellt schon eine Abweichung zur Begrüßung einheimischer Frauen dar.

Beispiel 8: Nachfrage

Situation

Herr Menzel lebt seit einem Jahr in Penang. Er arbeitet dort als Geschäftsführer der deutschen Niederlassung eines Logistikunternehmens. Sein Stellvertreter ist Herr Lee, Malaysier chinesischer Herkunft. Beide Männer haben ein gutes Verhältnis zueinander. Herr Menzel hält Herrn Lee für sehr fähig und überlässt ihm die Leitung vieler wichtiger Projekte. Zu einem aktuellen Projekt, das Herr Lee leitet, stellt Herr Menzel eine Frage. Ihn interessiert, wie Herr Lee den Ablauf einer bestimmten Lieferung koordiniert hat. Herr Lee erklärt ihm den Sachverhalt. Nach dem gemeinsamen Gespräch wendet sich Herr Lee sofort an seine Mitarbeiter und stoppt die betreffende Lieferung. Er begründet es damit, dass der Chef es so nicht haben wolle. Als Herr Menzel davon erfährt, fragt er Herrn Lee, warum er die Lieferung gestoppt habe. Daraufhin antwortet ihm Herr Lee: »Ja, aber Sie haben doch nachgefragt.«

Wie können Sie das Verhalten von Herrn Lee erklären?

- Lesen Sie nun die Antwortalternativen nacheinander durch.
- Bestimmen Sie den Erklärungswert jeder Antwortalternative für die gegebene Situation und kreuzen Sie ihn auf der darunter befindlichen Skala an. Es ist möglich, dass mehrere Antwortalternativen den gleichen Erklärungswert besitzen.

Deutungen

a) Für Herrn Lee bedeutet das interessierte Nachfragen von Herrn Menzel indirekt Kritik an seiner Arbeit, so dass er glaubt, einen Fehler gemacht zu haben. Er geht davon aus, dass Herr Menzel mit seiner Arbeit unzufrieden ist und stoppt sofort seine Pläne, um mögliche weitere Fehler zu vermeiden.

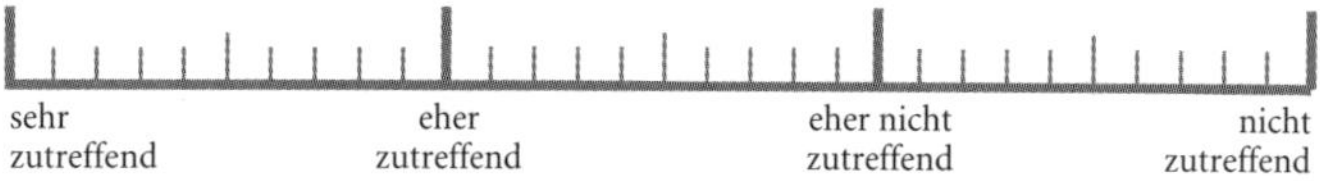

b) Da Herr Menzel um einige Jahre älter ist als Herr Lee, ist es für Herrn Lee völlig unverständlich, so eng auf einer Stufe mit Herrn Menzel zusammenzuarbeiten und so viel Entscheidungskompetenz übertragen zu bekommen. Er stellt daher durch die Nachfrage von Herrn Menzel seine eigene Kompetenz in Frage.

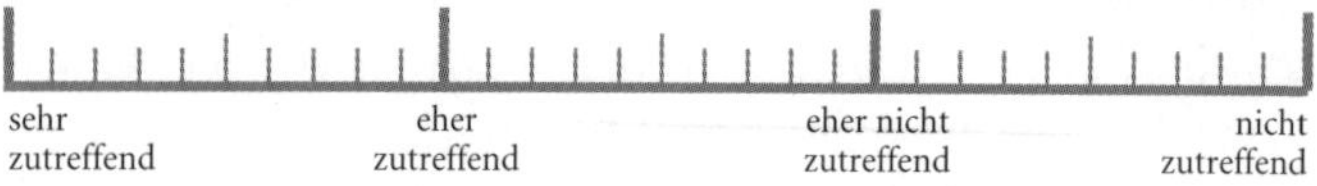

c) Herr Lee ist verwundert, dass sich Herr Menzel durch diese Nachfrage in sein Projekt eingemischt hat und deutet es als fehlendes Vertrauen in seine Arbeit. Er ist dadurch so stark verunsichert, dass er das Projekt nicht mehr zu Ende führen möchte.

sehr zutreffend	eher zutreffend	eher nicht zutreffend	nicht zutreffend

d) Da Herr Menzel hierarchisch über Herrn Lee steht, versteht Herr Lee die Äußerung ohne lange darüber nachzudenken sofort als Anweisung. Für ihn ist Herr Menzel aufgrund seiner Position immer noch die höchste Entscheidungsinstanz, auch wenn er schon viele eigene Projekte geleitet hat.

sehr zutreffend	eher zutreffend	eher nicht zutreffend	nicht zutreffend

- Versuchen Sie, Ihre Einstufung jeder Antwortalternative zu begründen. Halten Sie die Begründung in schriftlicher Form stichpunktartig fest.
- Lesen Sie nun die Erläuterungen zu jeder Antwortalternative durch und vergleichen Sie diese mit Ihren eigenen Begründungen.

■ Bedeutungen

Erläuterung zu a):
Es ist sehr wahrscheinlich, dass Herr Lee die Nachfrage seines Chefs als indirekte Kritik an seiner Arbeit aufgefasst hat. In Malaysia ist es üblich, nicht direkt auf einen Fehler hinzuweisen, sondern den fehlerhaften Sachverhalt in »Watte« zu verpacken. Diese Antwort erklärt die Situation teilweise.

Erläuterung zu b):
Das hohe Ansehen älterer Menschen besitzt in der malaysischen Gesellschaft einen bedeutenden Stellenwert. Da Herr Lee allerdings schon länger mit Herrn Menzel zusammenarbeitet, von ihm für seine Arbeit geschätzt wird und schon mehrere Projekte selbstständig leitete, ist es fraglich, ob sich Herr Lee plötzlich für

dieses Projekt nicht mehr kompetent genug fühlt. Daher erklärt die Antwort die Situation weniger gut.

Erläuterung zu c):
Herr Lee und Herr Menzel kennen sich schon über ein Jahr. Sie arbeiten sehr gut und eng zusammen und mögen sich auch gegenseitig. Es ist sehr unwahrscheinlich, dass Herr Lee plötzlich denkt, das Vertrauen von Herrn Menzel nicht mehr zu haben. Die Antwort erklärt die Situation daher nicht.

Erläuterung zu d):
Obwohl die beiden Männer schon länger zusammenarbeiten und ein freundschaftliches Verhältnis haben, sieht Herr Lee Herrn Menzel immer noch eindeutig als Chef an, der über ihm steht. Für ihn werden Äußerungen des Chefs nicht diskutiert, sondern für richtig angenommen. Die Antworten a) und d) erklären die Situation vollständig.

■ Lösungsstrategie

Das Verhalten und die Äußerungen eines Chefs haben in Malaysia für die Mitarbeiter eine besondere Bedeutung. Es wird sehr respektvoll und ernst damit umgegangen. Die Frage des deutschen Chefs wurde nicht nur als Frage verstanden, sondern als indirekte Anweisung, etwas anders zu machen. Herr Menzel sollte wissen, dass er, obwohl er mit Herrn Lee ein enges und freundschaftliches Arbeitsverhältnis unterhält, immer noch den Chef darstellt. Für Herrn Lee bedeutet die gute Beziehung zu Herrn Menzel nicht automatisch, dass er dessen Position weniger wichtig nimmt. Die Anweisungen des Chefs haben für ihn immer noch oberste Priorität. Ein partnerschaftlicher Führungsstil ist in Malaysia weniger verbreitet. In Deutschland dagegen herrscht nach längerer guter Zusammenarbeit eher ein kooperatives Verhältnis zwischen Mitarbeiter und Chef. Eine einfache Frage des Chefs würde auch als solche verstanden und nicht indirekt als Kritik aufgefasst.

Herr Menzel sollte es Herrn Lee daher explizit mitteilen und es wiederholt zum Ausdruck bringen, dass er ihn als gleichberechtigten Partner schätzt. Vielleicht sollte Herr Menzel in Zukunft weniger spontan nachfragen und sich noch weniger in Projekte von Herrn Lee einmischen. Er sollte grundsätzlich wissen, dass seine Äußerungen von seinen malaysischen Mitarbeitern anders interpretiert und aufgenommen werden können, als dies in Deutschland der Fall wäre.

■ Beispiel 9: Jahresbudget

■ Situation

Herr Dietrich lebt seit acht Monaten in Malaysia. Er arbeitet als Geschäftsführer für die Niederlassung einer deutschen Logistikfirma in Kuala Lumpur. Bei einem Meeting mit seinen fünf Abteilungsleitern geht es um die Budgetplanung des kommenden Jahres. Er bittet seine malaysischen Mitarbeiter chinesischer Herkunft, sich darüber Gedanken zu machen. Sie sollen ihm innerhalb einer Woche einen konkreten Vorschlag für das weitere Vorgehen schriftlich vorlegen. Er betont, dass sie ihm nicht nur reine Zahlenlisten vorstellen, sondern einen im Detail ausformulierten Vorschlag präsentieren sollen. Beim nächsten Meeting bekommt er von seinen Abteilungsleitern die Ausarbeitungen und stellt fest, dass ihm jeder der fünf Manager jeweils nur eine halbe A4-Seite mit ein paar Stichworten vorgelegt hat.

Wie können Sie sich das Verhalten der Manager erklären?

- Lesen Sie nun die Antwortalternativen nacheinander durch.
- Bestimmen Sie den Erklärungswert jeder Antwortalternative für die gegebene Situation und kreuzen Sie ihn auf der darunter befindlichen Skala an. Es ist möglich, dass mehrere Antwortalternativen den gleichen Erklärungswert besitzen.

■ Deutungen

a) Die malaysischen Mitarbeiter chinesischer Herkunft schätzen die Autorität und Kompetenz ihres Chefs sehr. Mit zu konkreten Vorschlägen würden sie in ihren Augen seine Fähigkeiten in Frage stellen. Daher fallen ihre Vorschläge nicht sehr ausführlich aus.

sehr zutreffend	eher zutreffend	eher nicht zutreffend	nicht zutreffend

b) Die Mitarbeiter sind verwundert, dass sie bei einer wichtigen Aufgabe wie der Budgetplanung für das nächste Geschäftsjahr so stark eingebunden werden. In Malaysia ist es üblich, dass der Chef wichtige Entscheidungen allein trifft. Sie sind daher eine solche Aufgabenstellung nicht gewöhnt und haben Schwierigkeiten mit deren konkreter Umsetzung.

sehr zutreffend	eher zutreffend	eher nicht zutreffend	nicht zutreffend

c) Für sie ist es unüblich, so lange im Voraus zu planen. In Malaysia wird einerseits nicht so langfristig geplant und andererseits bleibt der Plan immer flexibel genug für mögliche Veränderungen.

sehr zutreffend	eher zutreffend	eher nicht zutreffend	nicht zutreffend

d) Beziehungen sind für malaysische Mitarbeiter im Arbeitsleben sehr wichtig. Sie sind es nicht gewohnt, solche Konzepte in schriftlicher Form einzureichen, da sie normalerweise ihre Vorschläge in einem persönlichen Gespräch vorstellen und darüber ihre Beziehungen ausbauen können.

sehr zutreffend	eher zutreffend	eher nicht zutreffend	nicht zutreffend

- Versuchen Sie, Ihre Einstufung jeder Antwortalternative zu begründen. Halten Sie die Begründung in schriftlicher Form stichpunktartig fest.
- Lesen Sie nun die Erläuterungen zu jeder Antwortalternative durch und vergleichen Sie diese mit Ihren eigenen Begründungen.

Bedeutungen

Erläuterung zu a):

Die Bedeutung von Hierarchie hat einen hohen Stellenwert in Malaysia. Es könnte durchaus sein, dass die Mitarbeiter befürchten, mit einem zu konkreten Vorschlag den Eindruck zu erwecken, besser als der Chef zu sein. Zumal es sich um einen europäischen Chef handelt, könnte der Respekt seiner Kompetenz gegenüber noch stärker ausgeprägt sein. Die Antwort erklärt daher die Situation.

Erläuterung zu b):

Es ist durchaus wahrscheinlich, dass sie diese Art der Aufgabenstellung nicht gewöhnt sind. Aufgrund der stark hierarchisch ausgeprägten Arbeitsstruktur herrscht in Malaysia vorwiegend ein autoritärer Führungsstil, bei dem der Chef wichtige Entscheidungen selbst trifft. Werden Aufgaben delegiert, bekommen malaysische Mitarbeiter genaue Arbeitsanweisungen, die sich auf konkrete und überschaubare Aufgaben beziehen. Diese Antwort erklärt zusammen mit Antwort a) die Situation daher vollständig.

Erläuterung zu c):

Es ist zutreffend, dass in Malaysia ein anderes Zeitverständnis vorherrscht, welches sich auch im Arbeitsleben zeigt. Allerdings ist im Geschäftsleben ein Planungszeitraum von einem Jahr nicht unüblich. Die Budgetplanung wird in Malaysia auch für ein Jahr im Voraus festgelegt. Die Antwort kann die Situation somit nicht erklären.

Erläuterung zu d):

Es ist richtig, dass Beziehungen auch im malaysischen Geschäftsleben eine große Rolle spielen. Allerdings müssten Abteilungsleiter in einer solchen Position damit vertraut sein, in ihrem Arbeitsleben zahlreiche Konzepte zu verfassen. Daher erklärt die Antwort die Situation nicht.

Lösungsstrategie

Herr Dietrich sollte wissen, dass ein Chef in Malaysia ein sehr hohes Ansehen bei seinen Mitarbeitern genießt. Sie stellen ihn nicht in Frage und erwarten einen autoritären Führungsstil. Der Führungsstil von Herrn Dietrich, bei dem er seine Mitarbeiter in wichtige Entscheidungen mit einbezieht und ihnen Aufgaben zur selbstständigen Bearbeitung überlässt, ist für malaysische Mitarbeiter daher sehr ungewöhnlich. Sie sind es gewöhnt, dass der Chef wichtige Entscheidungen selbst trifft und von ihm genau angeleitet werden.

In Deutschland dagegen wird meist Eigenverantwortung und Kreativität von dem jeweiligen Mitarbeiter verlangt. Komplexe Aufgabenstellungen, die nur kurz vom Chef angeleitet werden, sind nicht unüblich. Herr Dietrich sollte daher in der Sitzung gemeinsam mit den Mitarbeitern beispielhaft einen Vorschlag erarbeiten und ihnen anschließend sehr detailliert den weiteren Arbeitsauftrag erklären. Es wäre ebenfalls sinnvoll, nicht bis zur nächsten Sitzung zu warten, sondern zwischenzeitlich die Mitarbeiter noch einmal auf die Aufgabe anzusprechen und eventuelle Fragen mit ihnen zu klären. Es ist wichtig, dass Herr Dietrich seine Mitarbeiter bei neuen Aufgaben in zeitlich kurzen Abständen bei der Aufgabenerledigung begleitet.

Kulturelle Verankerung von »Hierarchieorientierung«

Malaysia ist durch konfuzianische und islamische Einflüsse geprägt. Daher ist die Ansicht verbreitet, dass Rangunterschiede zwischen den Menschen naturgegeben sind. Eine hierarchische Ordnung wird von Malaysiern nicht als störend empfunden, sondern sogar als zwingend notwendig. Dabei bedeutet die streng festgelegte Hierarchie keine Unterscheidung der Menschen nach ihrem Wert. Sie ist eine rein formale Zuweisung des angemessenen Platzes im Ganzen.

Zudem leben kollektivistische Gesellschaften, zu denen auch Malaysia zählt, von der Funktionstüchtigkeit ihrer Gruppen. Deshalb müssen Störfaktoren, die die Gruppe auch nur potenziell gefährden, grundsätzlich ausgeschaltet werden. Ein geeignetes Mittel zur Erreichung dieses Ziels ist eine klare Hierarchieordnung. Ein System von Führung und Unterordnung verspricht Ruhe und Stabilität für das Gesamtgefüge. Je vielstufiger und feiner die Aufgliederung einer Hierarchie ist, desto mehr Abhängigkeitsbeziehungen und desto mehr Harmonieeffekte wird es geben.

Im Gegensatz dazu werden in Deutschland flache Hierarchien als optimal gesehen. Man bevorzugt es, bei wichtigen Entscheidungen einbezogen zu werden und möchte nicht, dass über den »eigenen Kopf hinweg« Entscheidungen gefällt werden. Grund für diese Sichtweise ist der Individualismus, der in Deutschland verbreitet ist. Deutsche empfinden sich anderen Individuen gegenüber verschieden und möchten über ihr Leben weitestgehend selbst entscheiden. Es ist in Deutschland so, dass ein Mindestmaß an Abgrenzung und Eigenständigkeit eines Individuums gegenüber seiner Gruppe als Voraussetzung für das psychische Wohlbefinden und gute Arbeitsergebnisse gesehen wird.

Gegenüber der deutschen Gesellschaft ist die malaysische Gesellschaft sehr stark von vertikalen Beziehungsmustern geprägt. In allen Lebensbereichen, also sowohl im Privat- als auch im Berufsleben, spielt Hierarchie eine große Rolle. Autoritäten werden geachtet und es wird ihnen Respekt entgegengebracht. Man benimmt sich ihnen gegenüber höflich und zuvorkommend. Besonders der Chef wird geachtet und so behandelt, dass sich eine harmonische Beziehung zu ihm aufbaut (vgl. Beziehungsorientierung).

Die Position in der Hierarchie bestimmen neben der beruflichen Stellung auch Alter und Geschlecht. So nehmen ältere Malaysier und Malaysierinnen eine höhere Hierarchieposition ein als jüngere. Gern werden auch ältere Malaysier oder Malaysierinnen als Mittelmänner zur Schlichtung von Konflikten bemüht, da ihre Lebenserfahrung geschätzt wird.

Frauen nehmen in der Hierarchie generell einen dem Mann nachgeordneten Platz ein. Sie werden bei Geschäftsessen und offiziellen Anlässen nach dem Mann begrüßt. Männer verhalten sich gegenüber Frauen höflich, indem sie sich distanziert verhalten. Ein direkter Augenkontakt gilt als unschicklich. Die Einhaltung der Rangordnung von Hierarchie dient dem Erhalt von Stabilität und Harmonie in der Gesellschaft, deren Missachtung hingegen kann zu Gesichtsverlust führen (vgl. Das Gesicht wahren).

In Malaysia wird indirekter kommuniziert (vgl. Indirektheit) als in Deutschland. So wird Kritik durch das Stellen von Fragen signalisiert, da direkte Kritik unhöflich ist. Wenn ein Chef einem Untergebenen eine Frage stellt, kann dies Kritik bedeuten. Der Chef wünscht sich dann zum Beispiel, dass eine Aufgabe anders bearbeitet wird. Da in Malaysia die Missachtung von Autoritäten ein Tabubruch ist, wird der Mitarbeiter die Wünsche des Chefs sofort umsetzen. Im System der Hierarchie gibt es aber nicht nur Verpflichtungen nach oben, sondern auch Verantwortung nach unten.

In Malaysia ähneln Hierarchien Familien. Die Rolle der höher stehenden Personen ist ähnlich der fürsorglicher Eltern, die sich um ihre Kinder kümmern, sie unterstützen und in ihrer Entwicklung fördern. Ein Chef kümmert sich auch um die persönlichen Belange seiner Mitarbeiter und sollte stets ein offenes Ohr für deren Probleme haben. Mit dem Tag der Geburt beginnt die Einbindung in Hierarchiesysteme. Ausgehend von der Hierarchie, die auch in Familien auftritt, wird diese in alle anderen Bereiche des Lebens übertragen. Es gibt fast immer ein klares Oben und Unten. So erklären sich auch das Interesse und der große Wert, der in Malaysia Titeln zugemessen wird. Sie dienen als geeignetes Mittel, um die Hierarchieposition zwischen zwei Fremden festzustellen.

Der Respekt vor Autorität und der Gedanke, dass Stabilität und Harmonie auf ungleichen Beziehungen zwischen Menschen basieren, ist ein konfuzianischer Gedanke. Im Konfuzianismus verwirklicht sich Menschlichkeit in den fünf Tugenden: der gegenseitigen Liebe, der Rechtschaffenheit, der Weisheit, der Sittlichkeit und der Aufrichtigkeit sowie in den so genannten »drei unumstößlichen Beziehungen« – die Unterordnung des Sohnes unter den Vater, des Volkes unter den Herrscher und der Frau unter den Mann. Verstöße gegen die hierarchische Ordnung wurden in der Entstehungszeit des Konfuzianismus hart bestraft, teilweise sogar mit dem Tod. Aber auch im Islam und dessen sozialem und moralischem System ergibt sich die Forderung, dass Beziehungen, sowohl zum Staat als auch zur Familie, harmonisch gestaltet werden sollen, basierend auf Unterordnung und Hierarchie.

Plannerer

Themenbereich 3: Das Gesicht wahren

Beispiel 10: Urlaub nehmen

Situation

Herr Müller ist Maschinenbauingenieur und lebt seit vier Monaten in Malaysia. Er arbeitet dort in der Fabrik einer deutschen Firma aus der kunststoffverarbeitenden Industrie. Herr Müller ist für die Instandhaltung und Reparatur der Maschinen zuständig und führt regelmäßig Arbeitskontrollen durch. Bei einem seiner Rundgänge in der Fabrik bleibt er bei Herrn Hassan, einem erfahrenen malaiischen Fabrikarbeiter, stehen. Er hat bemerkt, dass Herr Hassan einen Bedienungsfehler macht. Daraufhin erklärt Herr Müller ihm, wie er durch eine veränderte Bedienung der Maschine den Fehler demnächst vermeiden und die Produktqualität verbessern kann. Herr Hassan gibt gegenüber Herrn Müller zu verstehen, dass er die Anweisung verstanden habe. Nach diesem Gespräch ist Herr Müller eine Woche außer Haus. Als er nach einer Woche wieder in die Fabrik kommt, merkt er, dass Herr Hassan seine Arbeitsweise nicht verändert hat und weiterhin Fehler auftreten. Daraufhin wird Herr Müller laut und kritisiert Herrn Hassan vor den anderen Kollegen. Am nächsten Tag ruft dieser in der Firma an und erklärt dem Chef, dass er in den kommenden drei Tagen nicht zur Arbeit komme und Urlaub nehme.

Wie können Sie das Verhalten von Herrn Hassan erklären?

- Lesen Sie nun die Antwortalternativen nacheinander durch.
- Bestimmen Sie den Erklärungswert jeder Antwortalternative für die gegebene Situation und kreuzen Sie ihn auf der darun-

ter befindlichen Skala an. Es ist möglich, dass mehrere Antwortalternativen den gleichen Erklärungswert besitzen.

Deutungen

a) Malaysier sind sehr spontan und planen weniger langfristig. Da Frau Hassan von ihrer Firma unerwartet Urlaub bekommt, möchte sie diesen gemeinsam mit ihrer Familie verbringen. Deshalb reicht Herr Hassan auch sehr spontan seinen Urlaub ein.

sehr zutreffend	eher zutreffend	eher nicht zutreffend	nicht zutreffend

b) Aufgrund seines geringen Bildungsniveaus hat Herr Hassan die Anweisung von Herrn Müller nicht verstanden, obwohl er sein Verständnis gegenüber Herrn Müller signalisiert hatte. Herr Hassan hatte sich nicht getraut, noch einmal nachzufragen. Er nimmt Urlaub, weil er Angst hat, den Fehler zu wiederholen.

sehr zutreffend	eher zutreffend	eher nicht zutreffend	nicht zutreffend

c) Herr Hassan ist es gewöhnt, Anweisungen direkt von seinem obersten malaysischen Chef zu bekommen. Zudem wird ihm Herr Müller nicht vorgestellt, so dass er seine Anweisungen ignoriert. Erst bei der zweiten Begegnung merkt er, dass Herr Müller direkt vom Chef angewiesen wurde. Es ist ihm peinlich, dass er seine Anweisungen ignoriert hat und möchte ihm aus dem Weg gehen.

sehr zutreffend	eher zutreffend	eher nicht zutreffend	nicht zutreffend

d) Durch die laute Kritik von Herrn Müller fühlt sich Herr Hassan persönlich gekränkt, da er dadurch sein Ansehen vor der Gruppe verloren hat. Er meldet sich krank, um dieser Unannehmlichkeit aus dem Weg zu gehen.

sehr zutreffend	eher zutreffend	eher nicht zutreffend	nicht zutreffend

- Versuchen Sie, Ihre Einstufung jeder Antwortalternative zu begründen. Halten Sie die Begründung in schriftlicher Form stichpunktartig fest.
- Lesen Sie nun die Erläuterungen zu jeder Antwortalternative durch und vergleichen Sie diese mit Ihren eigenen Begründungen.

■ Bedeutungen

Erläuterung zu a):
Es ist eher unwahrscheinlich, dass die Urlaubsplanung der malaysischen Firmen so spontan ist, da besonders in einer Fabrik die Maschinen immer besetzt sein müssen. Daher erklärt die Antwort die Situation nicht.

Erläuterung zu b):
Es könnte sein, dass das Bildungsniveau von Herrn Hassan nicht besonders hoch ist. Er arbeitet allerdings schon lange an der gleichen Maschine und ist in technischen Dingen sehr bewandert und erfahren. Es ist unwahrscheinlich, dass er die Anweisungen von Herrn Müller nicht verstanden hat. Daher eignet sich die Antwort nicht dazu, die Situation zu erklären.

Erläuterung zu c):
Es ist in Malaysia üblich, genaue Anweisungen des Chefs zu bekommen. Allerdings wird ein deutscher Techniker, der mit dem malaysischen Chef zusammenarbeitet, mindestens so akzeptiert sein. Es ist daher unwahrscheinlich, dass er die Anweisungen von diesem nicht ernst nehmen würde. Die Antwort kann die Situation daher nicht erklären.

Erläuterung zu d):
Herr Hassan ist direkt und öffentlich von Herrn Müller kritisiert worden. Dadurch fühlt sich Herr Hassan sehr gekränkt und in der Gemeinschaft nicht mehr angesehen. Er flüchtet aus dieser für ihn sehr unangenehmen Situation, indem er plötzlich Urlaub nimmt. Die Antwort erklärt die Situation vollständig.

Lösungsstrategie

In Malaysia herrscht eine ganz andere »Fehlerkultur« als in Deutschland. Oberste Priorität in Malaysia ist es, einen Fehler in der Öffentlichkeit zu vermeiden, da dadurch der Stolz der Person gegenüber der Gruppe gekränkt wird. Es wird daher nie öffentlich Kritik geübt. Wenn jemand direkt auf einen Fehler angesprochen wird, ist es sehr peinlich und unangenehm für diese Person, so dass sie häufig die Situation verlässt. Umgekehrt ist es auch für die Person unangenehm, die Kritik übt, da sie dadurch der anderen Person ihr Gesicht nimmt.

In Deutschland versucht man, aus Fehlern zu lernen und offen über Probleme zu sprechen, damit sie sich nicht wiederholen. Es ist nicht besonders schlimm für die betreffende Person, wenn sie in einem sachlichen Ton auf ihren Fehler und mögliche Verbesserungsmöglichkeiten direkt angesprochen wird.

Herr Müller sollte wissen, dass er in Malaysia nicht direkt Kritik üben kann. Er sollte daher seine nötige Kritik »weich« verpacken und die Thematik sehr höflich und in einem leisen Tonfall ansprechen. Am besten sollte er dies auch nicht in einer öffentlichen Fabrikhalle tun, sondern Herrn Hassan um ein persönliches Gespräch bitten. Wenn sich die Personen noch nicht sehr lange kennen, sollte man gegebenenfalls gar keine Kritik üben, sondern, wie in diesem Fall, die Anweisung noch einmal in einem persönlichen Gespräch wiederholen und auf die Dringlichkeit der Einhaltung der Anweisung eingehen. Man sollte nachfragen, ob auch alles verstanden wurde und deutlich machen, dass man jederzeit für Fragen zur Verfügung stehe.

Beispiel 11: Laute Diskussion

Situation

Herr Denning ist seit eineinhalb Jahren in Malaysia. Er ist dort in der Niederlassung eines deutschen Großunternehmens angestellt und für den Bereich der Produktion verantwortlich. Im Unternehmen ist die Situation aufgrund eines fehlerhaft produzierten

Produktes sehr angespannt. Zur Klärung des Problems wird ein Meeting mit den drei deutschen Ressortleitern von Produktion, Vertrieb und Finanzen einberufen. Dabei sind auch die malaysischen Mitarbeiter der Bereiche anwesend. Während des Meetings kommt es zu lauten Diskussionen zwischen den Deutschen. Nach einer einstündigen Aussprache wird jedoch eine Lösung für das Problem gefunden. Die Deutschen besiegeln ihre Vereinbarungen mit Handschlag. Im Arbeitsalltag stellt Herr Denning nach einigen Tagen fest, dass die malaysischen Mitarbeiter der drei Bereiche nicht mehr miteinander reden und eine feindliche Stimmung unter ihnen herrscht.

Wie lässt sich das Verhalten der malaysischen Mitarbeiter erklären?

- Lesen Sie nun die Antwortalternativen nacheinander durch.
- Bestimmen Sie den Erklärungswert jeder Antwortalternative für die gegebene Situation und kreuzen Sie ihn auf der darunter befindlichen Skala an. Es ist möglich, dass mehrere Antwortalternativen den gleichen Erklärungswert besitzen.

■ Deutungen

a) Malaysische Mitarbeiter legen viel Wert auf ein harmonisches Miteinander. Die einstündige Aussprache in der Besprechung trifft sie daher sehr. Der Handschlag, der für die Deutschen ein Ende der Auseinandersetzung und eine Form der Versöhnung darstellt, wird von den Malaysiern nicht als ein solches Symbol verstanden. Für sie ist der Streit noch nicht so einfach und schnell beendet.

sehr zutreffend	eher zutreffend	eher nicht zutreffend	nicht zutreffend

b) Lautes Diskutieren in der Öffentlichkeit wird als sehr unhöflich angesehen. Alle Personen, die an der Diskussion beteiligt sind, verlieren durch ihr Verhalten die Akzeptanz und das Ansehen vor der Gruppe. Da der gegenseitige Respekt der Gruppen durch die laute Aussprache der Abteilungsleiter verloren gegangen ist, brechen die malaysischen Mitarbeiter untereinander den Kontakt ab.

sehr zutreffend	eher zutreffend	eher nicht zutreffend	nicht zutreffend

c) Malaysische Mitarbeiter sind ihrem Chef sehr loyal gegenüber, schätzen ihn sehr und stehen hinter ihm. Die jeweilige Gruppe ist beleidigt, dass ihr Chef von den anderen deutschen Abteilungsleitern in der Diskussion angegriffen wurde. Da sie zu ihrem Chef halten, zeigen sie dies, indem sie mit den anderen malaysischen Kollegen nach dem Meeting nichts mehr zu tun haben wollen.

sehr zutreffend	eher zutreffend	eher nicht zutreffend	nicht zutreffend

d) Es ist in Malaysia unüblich, öffentlich Probleme zu diskutieren. Alle daran beteiligten Personen geben dadurch Fehler in der Öffentlichkeit zu, wodurch sie ihr Ansehen in der Gruppe verlieren. Da sich die Abteilungsleiter durch die Diskussion gegenseitig ihr Ansehen und das ihrer Mitarbeiter genommen haben, verweigern die Mitarbeiter der drei Gruppen den weiteren Kontakt untereinander.

sehr zutreffend	eher zutreffend	eher nicht zutreffend	nicht zutreffend

- Versuchen Sie, Ihre Einstufung jeder Antwortalternative zu begründen. Halten Sie die Begründung in schriftlicher Form stichpunktartig fest.
- Lesen Sie nun die Erläuterungen zu jeder Antwortalternative durch und vergleichen Sie diese mit Ihren eigenen Begründungen.

Bedeutungen

Erläuterung zu a):
Es ist zutreffend, dass die Beziehungsebene für Malaysier eine höhere Bedeutung hat als die Sachebene. Auch im Arbeitsleben haben Malaysier Schwierigkeiten, diese beiden Aspekte zu trennen. Allerdings sollten sie durch den Handschlag am Ende der Diskussion erkannt haben, dass die deutschen Abteilungsleiter nicht wirklich im Streit auseinander gehen, sondern das Problem gelöst haben. Die Antwort erklärt somit einen Teil der Situation.

Erläuterung zu b):
Lautes Sprechen und Diskutieren wird in Malaysia mit hoher Wahrscheinlichkeit als Unhöflichkeit gewertet. Durch diese Unhöflichkeit verlieren die Sprecher ihr Ansehen in der Gruppe. Somit erklärt die Antwort einen Teil der Situation.

Erläuterung zu c):
Es ist durchaus denkbar, dass malaysische Mitarbeiter die Kompetenz und Autorität ihres Chefs nicht in Frage stellen und sich bei Problemen mit ihm verbünden. Allerdings ist es unwahrscheinlich, dass der Streit unter den deutschen Abteilungsleitern dazu führt, dass sie deshalb mit ihren malaysischen Kollegen nichts mehr zu tun haben wollen. Andere Antworten erklären die Situation daher besser.

Erläuterung zu d):
Es ist sehr wahrscheinlich, dass es für Malaysier schwierig ist, öffentlich über ein Problem zu sprechen. Für sie haben alle beteiligten Personen dadurch ihr Ansehen verloren und es dauert relativ lange, bis dieses wieder aufgebaut ist. Es ist für sie selbstverständlich, sich erst einmal aus dem Weg zu gehen. Die Antworten a), b) und d) erklären die Situation daher vollständig.

Lösungsstrategie

In Malaysia herrscht eine ganz andere Diskussionskultur als in Deutschland. Lautes und öffentliches Diskutieren ist für Malaysier problematisch, da sie Angst davor haben, sich dadurch gegenseitig das Gesicht zu nehmen. In einem Meeting oder einer Diskussion werden die verschiedenen Standpunkte dargestellt, aber es wird nicht aneinander Kritik geübt. Über indirekte Äußerungen versuchen die Mitarbeiter sich gegenseitig zu überzeugen.

In Deutschland dagegen wird ganz offen über die Vor- und Nachteile eines Standpunktes diskutiert. Gegenseitige Kritik wird direkt angesprochen, so dass nach einer Diskussion bestenfalls ein konstruktives Ergebnis festgehalten werden kann. Dabei kann es im Tonfall durchaus einmal lauter werden, ohne dass die Beteiligten direkt beleidigt sind.

Es wäre sinnvoll, wenn solcherart Aussprachen oder Diskussionen erst einmal nur unter den deutschen Abteilungsleitern und Herrn Denning stattfinden würden, da Malaysier eine solche Angelegenheit als Chefsache betrachten. Außerdem würden sie in einem solchen Meeting wahrscheinlich sowieso sehr zurückhaltend sein und keine Wortmeldungen einbringen, da sie Angst vor Gesichtsverlust hätten. Es wäre im Anschluss sinnvoll, alle Mitarbeiter über das Ergebnis zu informieren.

Beispiel 12: Einchecken

Situation

Herr Heine arbeitet seit zweieinhalb Jahren in Kuala Lumpur. Er ist stellvertretender Geschäftsführer eines Hotels einer internationalen Hotelkette. Frau Omar arbeitet seit längerer Zeit im Hotel. Sie ist Rezeptionistin und hauptsächlich für das Einchecken der Gäste zuständig. An einem Arbeitstag checkt wie gewohnt ein Gast ein und bekommt von Frau Omar ein Zimmer zugeteilt. Nach etwa fünf Minuten kommt er zurück. Er will sich bei Frau Omar beschweren, da das Zimmer bereits belegt ist. Der Gast wendet sich mit seiner Beschwerde an Herrn Heine, da Frau Omar gerade mit anderen Gästen beschäftigt ist. Daraufhin geht Herr Heine zusammen mit dem Gast zu Frau Omar, um den Sachverhalt mit ihr zu klären. Er fragt sie, wie es zu der Doppelbelegung gekommen sei. Sie antwortet ihm daraufhin, dass sie sich an nichts erinnern könne.

Wie können Sie das Verhalten der malaiischen Mitarbeiterin erklären?

- Lesen Sie nun die Antwortalternativen nacheinander durch.
- Bestimmen Sie den Erklärungswert jeder Antwortalternative für die gegebene Situation und kreuzen Sie ihn auf der darunter befindlichen Skala an. Es ist möglich, dass mehrere Antwortalternativen den gleichen Erklärungswert besitzen.

Deutungen

a) In malaysischen Hotels ist es nicht selten, dass Angestellte sehr lange arbeiten müssen. Da Frau Omar bereits die Nacht über im Hotel gearbeitet hat, ist sie sehr übermüdet. Darunter leidet ihre Aufmerksamkeit, so dass sie sich nicht mehr an den Gast erinnern kann.

sehr zutreffend | eher zutreffend | eher nicht zutreffend | nicht zutreffend

b) Herr Heine geht zusammen mit dem Gast zu Frau Omar, um sie auf das Problem anzusprechen. Wenn sie ihren Fehler zugeben würde, würde sie ihr Ansehen ihrem Chef und dem Gast gegenüber verlieren. Deshalb erfindet sie eine Ausrede, um den Fehler nicht zugeben zu müssen.

sehr zutreffend | eher zutreffend | eher nicht zutreffend | nicht zutreffend

c) Der Familienname Omar ist in Malaysia sehr üblich, so dass es vorkommen kann, dass in einem großen malaysischen Hotel mehrere Angestellte mit diesem Familiennamen arbeiten. Der Gast hat Frau Omar tatsächlich mit einer anderen malaysischen Mitarbeiterin verwechselt, die denselben Namen trägt.

sehr zutreffend | eher zutreffend | eher nicht zutreffend | nicht zutreffend

d) Der Gast ist beim Einchecken zusammen mit seiner Ehefrau bei Frau Omar gewesen. Da die Ehefrau ein paar Worte der einheimischen Sprache beherrscht, hat sie mit Frau Omar gesprochen und den Schlüssel überreicht bekommen. Als sich der Mann nun alleine beschwert, kann sie sich nicht mehr an sein Gesicht erinnern.

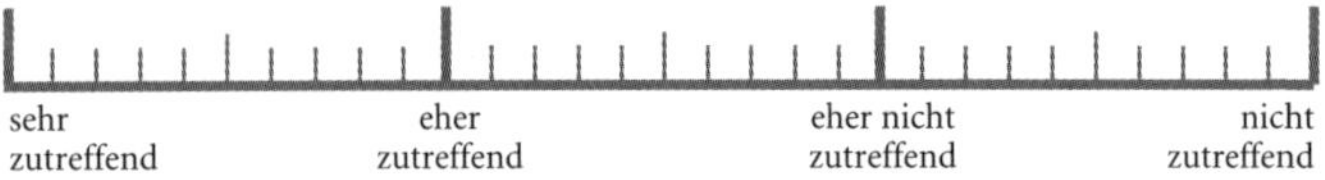

- Versuchen Sie, Ihre Einstufung jeder Antwortalternative zu begründen. Halten Sie die Begründung in schriftlicher Form stichpunktartig fest.
- Lesen Sie nun die Erläuterungen zu jeder Antwortalternative durch und vergleichen Sie diese mit Ihren eigenen Begründungen.

Bedeutungen

Erläuterung zu a):
Es ist üblich, dass sehr viele Angestellte in einem internationalen Hotel in Malaysia beschäftigt sind. Es ist daher eher unwahrscheinlich, dass Frau Omar die Nacht- und anschließend die Tagschicht übernehmen muss, da sich die internationalen Hotelketten an bestimmten Arbeitsrichtlinien orientieren. Daher erklärt die Antwort die Situation nicht zutreffend.

Erläuterung zu b):
Es ist ein großes Problem für Frau Omar, ihren Fehler in der Öffentlichkeit, in diesem Fall vor dem Gast und vor ihrem Chef, zuzugeben. Sie würde dadurch ihr Gesicht verlieren. Dies versucht sie mit der Ausrede, sie könne sich an nichts mehr erinnern, zu vermeiden. Die Antwort erklärt die Situation vollständig.

Erläuterung zu c):
Es ist zutreffend, dass der Familienname Omar ein typischer malaysischer Name ist. Allerdings ist es unwahrscheinlich, dass zwei Frauen mit demselben Namen zur gleichen Zeit an der Rezeption gearbeitet haben. Die Antwort erklärt die Situation daher nicht.

Erläuterung zu d):
Es ist wahrscheinlich, dass zu bestimmten Zeiten beim Einchecken im Hotel sehr viel Andrang ist. Es könnte sein, dass sie durch zu viele Gäste verwirrt ist. Es ist jedoch unwahrscheinlich, dass Frau Omar sich überhaupt nicht mehr erinnern kann, da der Vorfall nur fünf Minuten zurückliegt. Die Antwort ist daher zur Erklärung der Situation ungeeignet.

■ Lösungsstrategie

Mit Kritik wird in Malaysia anders umgegangen als in Deutschland. Einen Fehler in der Öffentlichkeit anzusprechen, ist absolut tabu. Es ist daher für Malaysier nichts Besonderes, dass Frau Omar in dieser Situation mit einer Notlüge, sie könne sich an nichts mehr erinnern, reagiert. Es macht keinen Sinn, Probleme öffentlich anzusprechen. Malaysier haben ein großes Bedürfnis, ihr Gesicht zu wahren, so dass sie einen Fehler nie freiwillig in der Öffentlichkeit zugeben würden.

In Deutschland dagegen ist es üblich, einer Sache auf den Grund zu gehen und das Problem direkt anzusprechen. Fehler werden nicht als so negativ empfunden und sind nicht automatisch mit dem Verlust von Ansehen verbunden. Es wird eher negativ bewertet, nicht zu seinen Fehlern zu stehen oder sie nicht zuzugeben.

Um die Situation mit Frau Omar zu klären, ist es daher für Herrn Heine ratsam, dies nicht in Anwesenheit des Gastes zu tun, sondern danach ein Gespräch unter vier Augen zu führen. Auch bei diesem Gespräch ist es wichtig, dass Herr Heine seine Kritik nicht zu direkt anbringt, sondern es in sehr höflichem Umgangston »durch die Blume« sagt. Besonders wenn der Mitarbeiter noch sehr neu ist und noch keine Beziehung zum Chef aufgebaut werden konnte, ist besonders einfühlsam mit ihm umzugehen.

Beispiel 13: Englische Zusammenfassung

Situation

Frau Hegele lebt seit zwei Jahren in Malaysia und ist Koordinatorin des Deutschprogramms an einer malaysischen Universität. In der Universität finden regelmäßig Sitzungen statt. Frau Hegele nimmt an einer Universitätssitzung teil, bei der es um wichtige Entscheidungen für das Deutschprogramm des kommenden Semesters geht. Der Leiter der Organisationsabteilung, der Malaie Herr Mutaal, hält die Sitzung in der Landessprache Bahasa Malaysia ab. Da Frau Hegele nur Basiskenntnisse der Landessprache besitzt, hat sie Schwierigkeiten, der Sitzung zu folgen. Daher fragt sie Herrn Mutaal nach einer Weile sehr höflich, ob sie vom Inhalt der Sitzung eine englische Zusammenfassung haben könne. Herr Mutaal geht mit einem Nicken auf ihre Frage ein. Nach der Sitzung erfährt Frau Hegele von einer Kollegin, das Herr Mutaal wegen ihrer Frage nach der englischen Zusammenfassung sehr beleidigt sei. Frau Hegele fragt sich, warum er so reagiert, da er doch weiß, dass sie seinen Ausführungen nicht folgen kann.

Wie können Sie das Verhalten von Herrn Mutaal erklären?

- Lesen Sie nun die Antwortalternativen nacheinander durch.
- Bestimmen Sie den Erklärungswert jeder Antwortalternative für die gegebene Situation und kreuzen Sie ihn auf der darunter befindlichen Skala an. Es ist möglich, dass mehrere Antwortalternativen den gleichen Erklärungswert besitzen.

Deutungen

a) Herr Mutaal ist beleidigt, dass Frau Hegele, obwohl sie schon seit zwei Jahren an der Universität arbeitet, die einheimische Sprache noch nicht beherrscht. Er fasst dies als Desinteresse gegenüber seinem Land auf.

sehr zutreffend | eher zutreffend | eher nicht zutreffend | nicht zutreffend

b) Es ist nicht üblich, den Vortragenden in einem Meeting zu unterbrechen und ihm Fragen zu stellen. Durch die öffentliche Frage kritisiert Frau Hegele indirekt Herrn Mutaal und verursacht, dass sein Ansehen in der Gruppe geschwächt wird.

sehr zutreffend	eher zutreffend	eher nicht zutreffend	nicht zutreffend

c) Die malaysische Gesellschaft ist stark hierarchisch strukturiert. Dabei steht der Mann eindeutig über der Frau. Es ist daher undenkbar, dass eine Frau in der Öffentlichkeit eine Frage an einen Mann stellt. Herr Mutaal ist über das Missachten dieser Regel sehr verärgert.

sehr zutreffend	eher zutreffend	eher nicht zutreffend	nicht zutreffend

d) Da Herr Mutaal auch Koordinator des Deutschprogramms ist, ist er der deutschen Sprache mächtig und könnte die Zusammenfassung auch auf Deutsch erstellen. Er ist beleidigt, dass Frau Hegele ihm das offensichtlich nicht zutraut.

sehr zutreffend	eher zutreffend	eher nicht zutreffend	nicht zutreffend

- Versuchen Sie, Ihre Einstufung jeder Antwortalternative zu begründen. Halten Sie die Begründung in schriftlicher Form stichpunktartig fest.
- Lesen Sie nun die Erläuterungen zu jeder Antwortalternative durch und vergleichen Sie diese mit Ihren eigenen Begründungen.

■ Bedeutungen

Erläuterung zu a):

Es ist üblich, dass Sitzungen in der Geschäftswelt und auch an Universitäten, bei denen Ausländer anwesend sind, auf Englisch abgehalten werden. Englisch ist selbstverständlich und wird auch von fast allen Malaysiern gesprochen. Daher ist es für Ausländer ausreichend, nur Grundkenntnisse der einheimischen Sprache zu beherrschen. Dies sollte Herr Mutaal eigentlich aus Erfahrung wissen. Die Antwort ist daher ungeeignet, um die Situation zu erklären.

Erläuterung zu b):
Es ist tatsächlich in Malaysia sehr unangebracht, einen Vortragenden zu unterbrechen und ihm eine Frage zu stellen. Dadurch verliert er sein Gesicht. Diese Antwort erklärt die Situation vollständig.

Erläuterung zu c):
Es ist zutreffend, dass die malaysische Gesellschaft hierarchisch organisiert ist und dem malaysischen Mann eine höhere Position zukommt. Allerdings arbeitet ein Großteil der malaysischen Frauen, teilweise auch in relativ hohen Positionen. Es ist üblich, dass Frauen und Männer zusammenarbeiten. Es gibt daher keine Regel, dass eine Frau keine Fragen an einen Mann stellen darf. Die Antwort ist somit unzutreffend.

Erläuterung zu d):
Die westlichen Sprachen sind an den malaysischen Universitäten nicht besonders stark vertreten. Es ist daher eher unwahrscheinlich, dass Herr Mutaal der deutschen Sprache mächtig ist. Die Antwort ist für die Erklärung der Situation ungeeignet.

■ Lösungsstrategie

Das Abhalten von Sitzungen, vor allem wenn ein Chef oder Leiter anwesend ist, verläuft in Malaysia nach anderen Regeln als in Deutschland. In Malaysia informiert der Chef in einer Sitzung über den Stand der Dinge. Es handelt sich um eine Art Informationsveranstaltung, bei der keine Fragen gestellt werden. Unklarheiten werden im Vorfeld in einem persönlichen Gespräch besprochen und anschließend nicht mehr in der Öffentlichkeit diskutiert. Vor allem dem Chef gegenüber wird keine Frage in der Öffentlichkeit gestellt. Fragen in einer öffentlichen Sitzung zu stellen, würde zu einem beidseitigen Gesichtsverlust führen, der um jeden Preis vermieden werden muss.

In Deutschland dagegen herrscht eine rege Diskussionskultur in den meisten Sitzungen. Auch Äußerungen des Chefs können hinterfragt werden. Es kommt sogar eher darauf an, dass jeder seinen Beitrag in der Sitzung leistet und nicht nur stumm zuhört.

Frau Hegele sollte darüber informiert sein, dass bei einer Sitzung keine Fragen gestellt werden sollten. Wenn sie eine Frage hat, sollte sie diese im Vorfeld oder im Nachhinein mit Herrn Mutaal im persönlichen Gespräch klären. Es wäre bestimmt auch sinnvoll, ihn nicht persönlich, sondern seine Sekretärin darauf anzusprechen, wenn es sich wie im vorliegenden Fall mehr um eine organisatorische Frage handelt.

■ Kulturelle Verankerung von »Das Gesicht wahren«

In Malaysia bedeutet »Gesicht« zu haben soziales Ansehen, Würde und Prestige. Damit die Harmonie zwischen Malaysiern gewahrt bleibt, ist es unerlässlich, das Gesicht zu wahren. Anderen Gesicht zu geben heißt, sein Ansehen in der Öffentlichkeit zu steigern. Das kann zum Beispiel durch Komplimente geschehen. Dabei kommt es nicht darauf an, dass das ausgesprochene Lob immer berechtigt ist, es dient eher der sozialen Anerkennung. Auch die intensive Benutzung von Titeln gibt dem Gegenüber Gesicht und stärkt die Beziehung (vgl. Beziehungsorientierung).

Gesicht zu erhalten bedeutet umgekehrt, von den anderen in der eigenen Würde bestätigt und mit Anerkennung bedacht zu werden. Es ist unbedingt erforderlich, Lob und Anerkennung bescheiden abzuwehren, um im Gegenzug das Gegenüber zu loben.

Anderen das Gesicht zu nehmen bedeutet, anderen Würde und Prestige zu nehmen, zum Beispiel einen malaysischen Würdenträger nicht mit dem ihm zustehenden Titel anzusprechen. Auch öffentliches Tadeln, lautes Reden oder gar Anschreien nimmt anderen das Gesicht. Unhöflich ist es auch, vor anderen in einer Gruppe Fragen zu stellen. Es gilt als taktlos und beschämt den Referenten, dem man damit keine Kompetenz zuzuschreiben scheint. Lieber sollte man Probleme unter »vier Augen« im diskreten Rahmen klären. Vor allem aber verliert der sein Gesicht, der es anderen nimmt!

In Malaysia gibt es klare Vorstellungen davon, welche Verhaltensweisen und Kommunikationsformen in bestimmten Kontexten angemessen sind. Wenn man diese Etikette an Verhaltensweisen einhält, kann man sich frei und ohne Angst vor Gesichtsverlust in der Gesellschaft bewegen. Malaysier werden so erzogen, dass sie von der Gemeinschaft anerkannt werden; es ist für sie sehr wichtig, was die anderen über sie denken, vor allem die Alten und die Familienoberhäupter. Sie sind beziehungsorientiert, harmonische Beziehungen zu den in ihrer unmittelbaren Umgebung lebenden Personen sind ihnen sehr wichtig (vgl. Beziehungsorientierung).

Deutsche werden hingegen zum Individualismus erzogen, hier zählt eher der Einzelmensch. Deutsche sind unabhängiger von Gruppen, Organisationen oder anderen Kollektiven. Ihr Ansehen vor anderen ist ihnen daher nicht so sehr wichtig. Gibt es Konflikte, so werden sie meist offen ausgetragen und geklärt. Eine Meinungsverschiedenheit wird als etwas Natürliches betrachtet, niemand sieht darin einen Gesichtsverlust. Durch die hohe Sachorientierung der Deutschen wird eine Auseinandersetzung inhaltlich entschieden. An Ansehen verliert derjenige, der im Unrecht ist.

Gefällt Ihnen das Zimmer?
Die Aussicht ist sehr schön...
HOTEL
17
Plannerer

Themenbereich 4: Indirektheit

Beispiel 14: Fragen stellen

Situation

Herr Buchwald lebt seit zwei Jahren in Malaysia. Er ist Leiter der Niederlassung einer deutschen Versicherung in Kuala Lumpur. Im Konzern ist ein neues Versicherungsprodukt entwickelt worden. Im Rahmen einer regelmäßig stattfindenden Sitzung präsentiert Herr Buchwald seinen Mitarbeitern dieses Produkt. Nach der Präsentation plant er eine halbe Stunde Zeit für eine Diskussion ein. Alle Mitarbeiter haben dabei die Möglichkeit, Fragen an ihn zu stellen und Ideen untereinander auszutauschen. Er lässt den Mitarbeitern einige Bedenkzeit nach der Präsentation des Produktes, aber es kommen keinerlei Fragen. Die Sitzung wird offiziell beendet. Anschließend geht er mit einigen Mitarbeitern in die Mittagspause. Dort kommen nacheinander drei malaysische Angestellte auf ihn zu, die wichtige Fragen bezüglich des neuen Produktes stellen. Herr Buchwald fragt sich, warum diese Fragen nicht schon in der Sitzung gestellt wurden.

Wie könnten Sie das Verhalten der drei Mitarbeiter erklären?

- Lesen Sie nun die Antwortalternativen nacheinander durch.
- Bestimmen Sie den Erklärungswert jeder Antwortalternative für die gegebene Situation und kreuzen Sie ihn auf der darunter befindlichen Skala an. Es ist möglich, dass mehrere Antwortalternativen den gleichen Erklärungswert besitzen.

Deutungen

a) In Malaysia herrscht keine ausgeprägte Diskussionskultur wie in den meisten westlichen Ländern. Die Mitarbeiter sind es nicht gewohnt, nach einer Präsentation ihres Chefs zu diskutieren und direkte Fragen zu Sachverhalten zu stellen.

sehr zutreffend	eher zutreffend	eher nicht zutreffend	nicht zutreffend

b) In einem Meeting in Malaysia öffentlich Fragen zu stellen, würde bedeuten, dass der Fragende vor der Gruppe zugibt, etwas nicht verstanden zu haben. Dies möchte er um jeden Preis vermeiden. Auf der anderen Seite möchten die Mitarbeiter zusätzlich vermeiden, dass durch eine öffentliche Frage an den Chef die Vortragsweise oder seine Kompetenz in Frage gestellt werden.

sehr zutreffend	eher zutreffend	eher nicht zutreffend	nicht zutreffend

c) In Malaysia herrscht unter den Mitarbeitern ein starkes Konkurrenzdenken. Sie fragen und diskutieren bewusst nichts, um keine Informationen in der Öffentlichkeit preiszugeben, weil das den Konkurrenten einen Vorteil verschaffen könnte. Sie suchen anschließend lieber das persönliche Gespräch mit ihrem Chef, um sich positiv hervorzuheben.

sehr zutreffend	eher zutreffend	eher nicht zutreffend	nicht zutreffend

d) Malaysia hat eine sehr gemeinschaftlich orientierte Gesellschaftsstruktur. Das Individuum wird der Gemeinschaft untergeordnet. Wenn jemand in der Öffentlichkeit vor einer Gruppe eine Frage stellt, würde das bedeuten, dass er die Gruppe verlässt und als einzelne Person hervortritt. Dies ist den Malaysiern unangenehm.

sehr zutreffend	eher zutreffend	eher nicht zutreffend	nicht zutreffend

- Versuchen Sie, Ihre Einstufung jeder Antwortalternative zu begründen. Halten Sie die Begründung in schriftlicher Form stichpunktartig fest.
- Lesen Sie nun die Erläuterungen zu jeder Antwortalternative durch und vergleichen Sie diese mit Ihren eigenen Begründungen.

■ Bedeutungen

Erläuterung zu a):
Es ist zutreffend, dass die Diskussionskultur in Malaysia kaum ausgeprägt ist. Die Mitarbeiter zeigen im öffentlichen Arbeitsleben eher ein zurückhaltendes Verhalten. Die Antwort erklärt einen Teil der Situation.

Erläuterung zu b):
In Malaysia ist es sehr wichtig, um jeden Preis einen Fehler zu vermeiden. Wenn ein Mitarbeiter öffentlich vor einer Gruppe eine Frage stellt, signalisiert er damit, dass er etwas nicht verstanden hat. Er gibt also eine Schwäche zu, die automatisch zu seinem Gesichtsverlust führt. Zudem schätzen die Mitarbeiter die hierarchische Stellung ihres Chefs sehr. Eine Frage an den Chef in der Öffentlichkeit würde bedeuten, dass sie ihm gegenüber nicht genug Respekt zeigen und seine Kompetenz anzweifeln, was zu einem Gesichtsverlust bei ihrem Chef führt. Diese Antwort erklärt die Situation größtenteils.

Erläuterung zu c):
Es ist eher unzutreffend, dass in Malaysia ein starkes Konkurrenzdenken unter den Mitarbeitern herrscht. Starkes Konkurrenzdenken ist ein Verhalten, dass sich vermehrt in Gesellschaften zeigt, wo das Individuum im Mittelpunkt steht. In Malaysia wird im Gegensatz dazu viel Wert auf die Gemeinschaft gelegt. Es ist daher sehr unwahrscheinlich, dass sie schweigen, um sich gegenseitig Informationen vorzuenthalten.

Erläuterung zu d):
Es ist richtig, dass Malaysia zu den Ländern zählt, bei denen die Gemeinschaft und das Kollektiv an erster Stelle stehen. Der Individualismus ist weniger stark ausgeprägt. Eine Frage vor der

Gruppe zu stellen, könnte den gemeinschaftlichen Prinzipien widersprechen, so dass es für malaysische Mitarbeiter sehr unüblich ist, einzeln als Person eine Frage zu stellen. Diese Antwort erklärt die Situation, zusammen mit der Antwort a) und b), daher vollständig.

Lösungsstrategie

Ein Deutscher, der in Malaysia tätig ist, sollte sich bewusst sein, dass eine Diskussionskultur, wie es sie in Deutschland gibt, unüblich ist. Offene Diskussionen sind zu direkt und könnten Gesichtsverlust bedeuten. Während einer Besprechung vor anderen Fragen zu stellen, gilt als unhöflich und stellt die Kompetenz des Befragten in Frage. Malaysier sind zudem weniger individualistisch als Deutsche, sich von anderen hervorzuheben, ist unüblich und ist von Malaysiern nicht zu erwarten. Die Kommunikation in Malaysia sollte daher indirekter gestaltet werden, als man es aus Deutschland gewohnt ist.

Das Klären von Fragen sollte im diskreteren Rahmen stattfinden, etwa unter »vier Augen« mit einzelnen Arbeitnehmern. Besonders kritisch ist zudem, dass Herr Buchwald auch in der Hierarchie über seinen Mitarbeitern steht, was ihnen zusätzlich Respekt einflößt.

Daher ist es wichtig, dass Herr Buchwald eine gute, persönliche Beziehung zu jedem seiner Mitarbeiter aufbaut und ihnen signalisiert, dass er mehr Verantwortungsübernahme und Offenheit schätzt. Er sollte öfter das persönliche Gespräch mit seinen Mitarbeitern suchen und eine Art »Sprechstunde« für seine Mitarbeiter einrichten. Meetings sollten nur als Informations- und nicht als Diskussionsrunde gesehen werden.

Beispiel 15: Veranstaltungsort

Situation

Herr Obermeier lebt seit einem halben Jahr in Malaysia. Er ist dort Abteilungsleiter der Niederlassung eines deutschen Großunternehmens der Automobilbranche. Herr Obermeier plant eine große Veranstaltung für seine Firma und hat eine ausgefallene Idee für den Veranstaltungsort. Deshalb bittet er seinen malaysischen Assistenten chinesischer Herkunft, Herrn Leong, eine Genehmigung für diese Örtlichkeit zu erfragen. Herr Leong bestätigt ihm, dass er seinen Vorschlag abkläre. Als Herr Obermeier ein paar Tage später nachfragt, bekommt er von Herrn Leong zur Antwort, dass es vielleicht nicht möglich sei, er es aber noch klären müsse. Nach ein paar weiteren Tagen fragt Herr Obermeier erneut nach und bekommt zur Antwort, dass keine Genehmigung für diesen Veranstaltungsort erteilt wird. Daraufhin möchte Herr Obermeier wissen, seit wann er dies denn schon wisse. Herr Leong entgegnet ihm, dass er das eigentlich von Anfang an gewusst habe, es aber für ihn habe abklären wollen. Herr Obermeier ist verärgert, deswegen eine Woche Zeit verloren zu haben und fragt sich, warum Herr Leong ihm nicht eher gesagt hat, dass sein Vorschlag nicht funktionieren wird.

Warum hat sich Herr Leong so verhalten?

- Lesen Sie nun die Antwortalternativen nacheinander durch.
- Bestimmen Sie den Erklärungswert jeder Antwortalternative für die gegebene Situation und kreuzen Sie ihn auf der darunter befindlichen Skala an. Es ist möglich, dass mehrere Antwortalternativen den gleichen Erklärungswert besitzen.

■ Deutungen

a) Die Aufgabenstellung ist für Herrn Leong zu komplex. Er ist es gewohnt, dass er von seinem Chef genau gesagt bekommt, was er in welcher Abfolge zu erledigen hat. Da er mit der Aufgabe überfordert ist, schiebt er sie solange vor sich her, bis er bei Nachfrage von Herrn Obermeier eine Ausrede erfindet.

sehr zutreffend	eher zutreffend	eher nicht zutreffend	nicht zutreffend

b) Die Anweisungen des Chefs haben für malaysische Mitarbeiter oberste Priorität. Herr Leong hat sich um jeden Preis bemüht,

Unmögliches für seinen Chef möglich zu machen. Seine Bedenken teilt er ihm daher nicht am Anfang mit, da er noch mit einem positiven Ergebnis rechnet. Erst beim Nachfragen muss er dann schließlich zugeben, dass er es nicht möglich machen konnte.

sehr zutreffend	eher zutreffend	eher nicht zutreffend	nicht zutreffend

c) Bei Genehmigungen der öffentlichen Behörden ist es in Malaysia üblich, dass man eine Form von »Schmiergeld« an den zuständigen Beamten zahlt. Herr Leong traut sich nicht, Herrn Obermeier diesen Umstand mitzuteilen und benutzt daher eine Ausrede.

sehr zutreffend	eher zutreffend	eher nicht zutreffend	nicht zutreffend

d) Herr Leong wusste von Anfang an, dass dieser Veranstaltungsort nicht funktionieren würde. Es gilt jedoch als sehr unhöflich, dem Chef ein direktes Nein mitzuteilen. Durch das Nein würde er seinen Chef bloßstellen und ihm dadurch sein »Gesicht nehmen«. Seine Äußerung bedeutete daher auf indirekte Weise ein Nein, das Herr Obermeier als solches nicht verstanden hat.

sehr zutreffend	eher zutreffend	eher nicht zutreffend	nicht zutreffend

- Versuchen Sie, Ihre Einstufung jeder Antwortalternative zu begründen. Halten Sie die Begründung in schriftlicher Form stichpunktartig fest.
- Lesen Sie nun die Erläuterungen zu jeder Antwortalternative durch und vergleichen Sie diese mit Ihren eigenen Begründungen.

Bedeutungen

Erläuterung zu a):
Es ist durchaus zutreffend, dass malaysische Mitarbeiter starke Führung von ihrem Chef gewohnt sind und daher auch erwarten. Da Herr Obermeier jedoch schon nach ein paar Tagen nachfragt, hätte Herr Leong die Chance gehabt, konkret nachzufragen. Es ist eher unwahrscheinlich, dass es am Führungsstil von Herrn Obermeier gelegen hat. Daher erklären andere Antworten die Situation bestimmt besser.

Erläuterung zu b):
Es ist richtig, dass Anweisungen vom Chef in Malaysia sehr ernst genommen werden. Allerdings ist es wahrscheinlich, dass Herr Leong die Bedingungen in Malaysia besser kennt und schneller einschätzen kann als sein deutscher Chef. So war er sich eigentlich von Anfang an sicher, dass es nicht möglich ist und hat es daher auch nicht weiter versucht. Die Antwort erklärt die Situation somit nicht zutreffend.

Erläuterung zu c):
Korruption ist in Malaysia nicht unbekannt, jedoch auch nicht an der Tagesordnung. Zur Bekämpfung der Korruption hat die Regierung von Malaysia eine eigens dafür eingerichtete Behörde geschaffen. Es ist unwahrscheinlich, dass Herr Leong hätte »Schmiergeld« zahlen sollen. Die Antwort erklärt daher die Situation nicht.

Erläuterung zu d):
Für einen Malaysier ist es sehr schwierig, ein Nein gegenüber seinem Chef auszusprechen. Es ist dem Mitarbeiter daher lieber, die Wahrheit nicht direkt mitzuteilen, sondern den Sachverhalt indirekt darzustellen. Schon die Antwort auf die erste Nachfrage von Herrn Obermeier, »es sei vielleicht nicht möglich«, deutet an, dass es eigentlich nicht funktioniert. Lieber schiebt man die Mitteilung unangenehmer Wahrheiten auf und geht nur darauf ein, wenn man direkt danach gefragt wird. Diese Antwort erklärt die Situation vollständig.

Lösungsstrategie

Deutsche, die in Malaysia leben, sollten wissen, dass es für Malaysier schwierig oder gar unmöglich ist, ein direktes Nein auszusprechen. Zuzugeben, etwas nicht zu wissen oder nicht arrangieren zu können, bedeutet eine Blamage und führt zum Gesichtsverlust. Gegenüber dem Chef ist das aufgrund der Hierarchiestellung besonders prekär. Ein Nein wird umgangen und indirekt ausgedrückt. Ein Deutscher, der direkte Kommunikation gewohnt ist, sollte versuchen zu lernen »zwischen den Zeilen« zu lesen. Die Antwort des Mitarbeiters, dass er »nicht glaube, dass es funktioniert« signalisiert ein recht deutliches malaysisches Nein. Eine Antwort wie »I'm not sure« heißt auch eher Nein als Ja. Herr Obermeier sollte sich mit dieser Form der Kommunikation vertraut machen und im weiteren Kontakt mit seinen Mitarbeitern darauf achten, um ein Nein schneller zu erkennen und dann gegebenenfalls sanft nachhaken und helfend zur Seite stehen, falls Aufgaben nicht erfüllt werden können. Ist Herr Obermeier unsicher, sollte er öfter bei seinem Mitarbeiter freundlich nachfragen, um dem wahren Sachverhalt auf die Spur zu kommen.

Kulturelle Verankerung von »Indirektheit«

In Malaysia ist es verbreitet, sich taktvoll und zurückhaltend zu verhalten. Selbstbeherrschtes und gelassenes Auftreten wird in Malaysia geschätzt und eröffnet zudem Möglichkeiten, das Gesicht zu wahren. Die Kommunikation in Malaysia ist personenorientiert und dient zu einem erheblichen Teil dazu, Beziehungen zu pflegen (vgl. Beziehungsorientierung). Unangenehme Wahrheiten wie zum Beispiel Kritik, Ablehnung oder Forderungen könnten eine Beziehung aus dem Gleichgewicht bringen und die Harmonie stören. Deshalb wird in Malaysia Wert auf indirekte Kommunikation gelegt. Persönliche Gefühle, Gedanken und Absichten werden deshalb kaum nach außen getragen. Vielmehr kommen bestimmte Rituale und formale Verhaltensweisen als indirekte Kommunikationssignale zur Anwendung.

Im Vergleich zu Malaysiern zeigen Deutsche ihre Emotionen offener und kommunizieren relativ direkt. Westliche Kommunikation ist sachorientiert, sie dient in erster Linie dazu, Informationen korrekt zu übermitteln. Diese direkte Kommunikation verläuft linear. Informationen werden vom Sender zum größten Teil verbalisiert, um dann auch möglichst eins zu eins beim Empfänger anzukommen. In Geschäftsgesprächen sind Deutsche zielstrebig, weil sie ihre Sache weiterbringen wollen. Sie konzentrieren sich auf die ihnen relevant erscheinenden Aspekte, vermeiden Abschweifungen und Smalltalk, um keine Zeit zu verlieren. Außerdem sagen Deutsche selten etwas zur Verbesserung der Atmosphäre oder aus Höflichkeit, was sie gar nicht meinen. Das würde schnell als heuchlerisch und falsch gelten.

Kommunikation in Malaysia folgt über vorsichtiges Herantasten und Antizipieren dem »Pingpongprinzip«. Stück für Stück werden die zu vermittelnden Informationen verbalisiert. Der Sender gibt zunächst nur einen Teil seiner Botschaft preis. Der Empfänger nimmt diesen Hinweis auf, deutet ihn und überprüft die Richtigkeit seiner Interpretation. Dabei greift er auf indirekte Anspielungen und Fragen zurück, die nun das Gegenüber, also der Sender der ursprünglichen Botschaft, erahnen und entschlüsseln muss. So kann es einige Male zwischen Sender und Empfänger hin- und hergehen. Der Kommunikationsprozess endet, wenn sich beide komplett verstanden haben. Auf diese Weise können Botschaften übertragen werden, ohne jedoch direkt und vollständig ausgesprochen werden zu müssen.

Indirekte Kommunikation wird in Malaysia angewandt, wenn man etwas fordert, um etwas bittet oder Kritik übt. Außerdem kommuniziert man indirekt, wenn man etwas ablehnt, eine Meinung äußert, die der des Gesprächspartners widerspricht, schlechte Nachrichten überbringt oder jemanden verwarnt. Ein Mitarbeiter wird somit seinem Chef nicht direkt sagen, dass er dessen Bitte nicht erfüllen kann, diese schlechte Nachricht übermittelt er indirekt. Auch direktes Fragen vor anderen wird vermieden, gilt als unhöflich, da es die Kompetenz des anderen in Frage stellt und zum Gesichtsverlust führen kann. Darum ist es für die erfolgreiche Bewältigung von Problemen wichtig, sich in den Interaktionspartner hineinversetzen zu können und nach indirekten Hinweisen und Andeutungen zu suchen und diese als solche zu erkennen. Nur so ist es möglich, aufkommende zwischenmenschliche Schwierigkeiten frühzeitig zu identifizieren und zu entschärfen. Somit liegt in Malaysia ein großer Teil der Verantwortung für das Gelingen von Kommunikation bei dem Empfänger einer Botschaft.

Zum indirekten Verhalten von Malaysiern gehört es auch, dass Gefühlsausbrüche absolut tabu sind. Oft werden schon lautes Sprechen und eine ausladende Gestik als Signale von Aggression und Abneigung verstanden. Auch Hektik und Nervosität zeigen dem Gegenüber, dass irgendetwas nicht stimmt und können echte Beziehungskiller sein. Diese Signale werden häufig persönlich genommen. Auch wenn es vielleicht manchmal schwer fällt: Beherrschung ist in jeder Hinsicht (Gestik, Mimik, Stimme, Körpersprache) ein Muss. Dazu gehört auch die Kontrolle des Augenkontaktes. Viele Europäer schauen ganz unbewusst ihrem Gegenüber direkt in die Augen. Was in unserer Kultur als Zeichen von Aufrichtigkeit und Ehrlichkeit gilt, wird in Malaysia aber als Einbruch in die Intimsphäre wahrgenommen. Es sollte eher vermieden werden.

Lächeln hingegen gilt als sehr höflich und hat in Malaysia eine soziale Funktion. Neben dem Ausdruck von Freude und Heiterkeit dient es auch zur Konfliktvermeidung. Malaysier überspielen mit einem Lächeln peinliche Situationen sowie Unsicherheit und bitten um Verzeihung. Indirekte Kommunikation eröffnet also Möglichkeiten, das Gesicht zu wahren – ganz gleich, ob man nachgibt oder hart bleibt. Unangenehme und strittige Inhalte können vorsichtig und behutsam ausgedrückt werden.

Plannerer

Themenbereich 5: Beziehungsorientierung (Antara kaum)

Beispiel 15: Gespräch über die Vermieterin

Situation

Herr Schmitz arbeitet seit zwei Jahren in Malaysia. Er hat eine leitende Funktion in einem internationalen Hotel in Kuala Lumpur. Etwas außerhalb von Kuala Lumpur bewohnt er ein Haus zur Miete. Seit einiger Zeit hat er Probleme mit seiner Vermieterin, die immer öfter Abmachungen bezüglich einiger Reparaturen und Modernisierungen nicht einhält. Nach einer Auseinandersetzung mit seiner Vermieterin kommt Herr Schmitz verärgert ins Hotel. Dort hat er einen Termin für ein Dienstgespräch mit seinem Sicherheitsmanager Herrn Singh, einem Malaysier indischer Herkunft. Während des Termins erzählt Herr Schmitz nebenbei auch von den Problemen mit seiner Vermieterin. Als er am nächsten Morgen ins Hotel kommt, merkt Herr Schmitz, dass das gesamte Personal darüber Bescheid weiß. Herr Singh hat fast allen Kollegen davon erzählt und behauptet nun, dass er und Herr Schmitz gute Freunde seien.

Wie können Sie das Verhalten von Herrn Singh erklären?

- Lesen Sie nun die Antwortalternativen nacheinander durch.
- Bestimmen Sie den Erklärungswert jeder Antwortalternative für die gegebene Situation und kreuzen Sie ihn auf der darunter befindlichen Skala an. Es ist möglich, dass mehrere Antwortalternativen den gleichen Erklärungswert besitzen.

Deutungen

a) Malaysier indischer Herkunft stellen eine Minderheit in Malaysia dar und sind bei anderen Ethnien nicht sehr beliebt. Herr Singh ist Malaysier indischer Herkunft und bei seinen Kollegen, die hauptsächlich Malaien und Malaysier chinesischer Abstammung sind, nicht sehr geschätzt. Durch diese Geschichte möchte er bei seinen Kollegen Aufmerksamkeit erwecken und sich beliebt machen.

sehr zutreffend	eher zutreffend	eher nicht zutreffend	nicht zutreffend

b) Malaysische Chefs besprechen normalerweise ihre Probleme nicht mit ihren Angestellten. Da Herr Schmitz seinem Mitarbeiter jedoch etwas Persönliches erzählt hat, versteht dieser es als ein besonderes Zeichen von Freundschaft oder Vertrauen ihm gegenüber. Herr Singh ist sehr stolz darauf, so dass er sich damit vor den anderen brüstet.

sehr zutreffend	eher zutreffend	eher nicht zutreffend	nicht zutreffend

c) Im malaysischen Arbeitsleben herrscht ein großes Konkurrenzdenken, da es durch die stark ausgeprägte Hierarchie schwierig ist, aufzusteigen. Herr Singh möchte seinen möglichen Konkurrenten signalisieren, dass seine Position durch das persönliche Gespräch mit dem Chef aufgewertet wurde.

sehr zutreffend	eher zutreffend	eher nicht zutreffend	nicht zutreffend

d) Es gibt in Malaysia den bestimmten »Ehrenkodex«, dass man sich nur bei sehr guten Freunden über eine andere Person negativ äußert. Dies hat Herr Schmitz ganz offensichtlich getan, als er sich bei Herrn Singh über seine Vermieterin beschwert hat. Daher geht Herr Singh im Anschluss an das Gespräch von einer Freundschaft mit Herrn Schmitz aus, von der er stolz berichtet.

sehr zutreffend	eher zutreffend	eher nicht zutreffend	nicht zutreffend

- Versuchen Sie, Ihre Einstufung jeder Antwortalternative zu begründen. Halten Sie die Begründung in schriftlicher Form stichpunktartig fest.
- Lesen Sie nun die Erläuterungen zu jeder Antwortalternative durch und vergleichen Sie diese mit Ihren eigenen Begründungen.

■ Bedeutungen

Erläuterung zu a):
Es ist zutreffend, dass die drei Hauptethnien gern unter sich bleiben und bestimmte Vorurteile zwischen den Volksgruppen bestehen. Allerdings herrschen keine »offenen Feindschaften«. Zudem ist es in internationalen Hotels üblich, dass viele verschiedene Nationalitäten zusammenarbeiten. Es ist daher unwahrscheinlich, dass Herr Singh im Speziellen Probleme haben soll, weil er Malaysier indischer Abstammung ist. Die Antwort erklärt die Situation nicht zutreffend.

Erläuterung zu b):
Es ist in Malaysia wichtig, eine persönliche Beziehung zum Chef aufzubauen. Es ist sehr wahrscheinlich, dass Herr Singh es als etwas Besonderes deutet, dass sein Chef ihm etwas Persönliches erzählt. Im Normalfall übernimmt der Chef eine Art Vaterrolle für seine Mitarbeiter und erfährt Probleme seiner Mitarbeiter, was allerdings umgekehrt nicht der Fall ist. Herr Singh sieht in der Beschwerde über die Vermieterin daher ein Zeichen, dass er eine besondere Beziehung zum Chef pflegt und ist sehr stolz darauf. Diese Antwort erklärt die Situation vollständig.

Erläuterung zu c):
Da die malaysische Gesellschaft sehr gemeinschaftsorientiert ist, ist starkes Konkurrenzdenken nicht an der Tagesordnung. Es ist daher eher unwahrscheinlich, dass er dadurch mögliche Konkurrenten verdrängen möchte. Zudem gibt es trotz ausgeprägter hierarchischer Strukturen genügend Aufstiegschancen in Malaysia. Die Antwort erklärt die Situation nicht.

Erläuterung zu d):
Es ist durchaus unüblich, dass man Personen in der Öffentlichkeit kritisiert, da sie dadurch ihr Ansehen vor der Gruppe verlieren würden. Allerdings besteht keine bestimmte Regel, dass man sich über eine dritte Person nur mit sehr guten Freunden kritisch äußern darf. Die Antwort ist daher ungeeignet.

■ Lösungsstrategie

Herr Schmitz ist der Chef von Herrn Singh und damit eine Respektsperson für ihn, die hierarchisch höher steht. Als Chef in Malaysia hat Herr Schmitz eine Art Vaterrolle. Er ist nicht nur für geschäftliche, sondern auch für private Belange seiner Mitarbeiter ein Ansprechpartner. Das heißt, Herr Schmitz sollte stets ein offenes Ohr für die Anliegen seiner Mitarbeiter, zum Beispiel von Herrn Singh, haben. Umgekehrt gilt das aber wiederum nicht, denn das würde das hierarchische Gefüge durcheinander bringen und wäre ein Zeichen besonderen Vertrauens. Herr Schmitz erzählt Herrn Singh von seinen eigenen Problemen. Dieser sieht darin ein Zeichen, dass er eine besondere Beziehung zu seinem Chef pflegt und ist sehr stolz darauf. Deshalb teilt er das auch seinen Kollegen mit.

Herr Schmitz sollte sich bewusst sein, dass Beziehungen in der malaysischen Gesellschaft und auch im Arbeitsleben eine wichtigere Rolle spielen und anders bewertet werden als in Deutschland. Deutsche sind eher sachorientiert, persönliche Beziehungen stehen im Arbeitsleben eher im Hintergrund. Malaysische Mitarbeiter sind an einer guten Beziehung zu ihrem Chef sehr interessiert, denn das beschert ihnen auch Ansehen vor den Kollegen. Herr Schmitz sollte wissen, dass es ein Zeichen von Freundschaft oder guter Beziehung ist, wenn er seinem Mitarbeiter etwas Persönliches erzählt. Er sollte deshalb darauf achten, was er wem anvertraut und wissen, dass es anders interpretiert werden könnte als in Deutschland.

Beispiel 17: Frage nach Gehalt

Situation

Herr Krause ist Manager und seit sechs Monaten in Malaysia. Er leitet als Geschäftsführer eine mittelständische deutsche Firma der Verpackungsindustrie. Nach einer Mittagspause fährt Herr Krause mit einem Taxi zu seinem nächsten Termin. Der Taxifahrer, ein freundlicher, interessierter Mann, fängt mit ihm ein Gespräch an und fragt ihn, woher er denn käme und wie es ihm in Malaysia gefallen würde. Herr Krause antwortet ihm freundlich. Nach einer Weile fragt der Taxifahrer Herrn Krause ganz plötzlich, was er denn eigentlich im Monat verdienen würde. Herr Krause ist sehr irritiert über diese direkte Frage und antwortet, dass er genug verdiene. Der Taxifahrer zeigt sich über seine indirekte Antwort verärgert. Herr Krause fragt sich, warum der Taxifahrer ihm so eine persönliche Frage gestellt hat und zudem noch zu einem Sachverhalt, der ihn nichts angeht.

Wie können Sie das Verhalten des Taxifahrers erklären?

- Lesen Sie nun die Antwortalternativen nacheinander durch.
- Bestimmen Sie den Erklärungswert jeder Antwortalternative für die gegebene Situation und kreuzen Sie ihn auf der darunter befindlichen Skala an. Es ist möglich, dass mehrere Antwortalternativen den gleichen Erklärungswert besitzen.

Deutungen

a) Malaysische Taxifahrer haben meist nur eine geringe Bildung. Bei der Begegnung mit Ausländern sind sie daher besonders neugierig und interessiert, ihr Wissen über andere Länder und deren Bewohner zu erweitern.

sehr zutreffend	eher zutreffend	eher nicht zutreffend	nicht zutreffend

b) Malaysier sind beziehungsorientiert und sind daher sehr kommunikativ. Auch ein Taxifahrer versucht mit dem Fahrgast ein

Gespräch zu entwickeln und eine gewisse Beziehung entstehen zu lassen.

sehr zutreffend	eher zutreffend	eher nicht zutreffend	nicht zutreffend

c) In Malaysia herrscht die Vorstellung, dass Europäer im Luxus leben und daher sehr viel Geld verdienen. Es besteht ein gewisser Neid, weil die meisten Malaysier in ärmlichen Verhältnissen leben. Der Taxifahrer ist daher sehr interessiert an der Information, da er davon ausgeht, dass der Deutsche sehr viel verdient.

sehr zutreffend	eher zutreffend	eher nicht zutreffend	nicht zutreffend

d) Es ist in Malaysia üblich, in Situationen des Kennenlernens über das Gehalt zu reden. Auch über Geld und materielle Güter wird meist offen gesprochen. Es ist ein beliebtes Smalltalk-Thema, wie in Deutschland das Wetter.

sehr zutreffend	eher zutreffend	eher nicht zutreffend	nicht zutreffend

- Versuchen Sie, Ihre Einstufung jeder Antwortalternative zu begründen. Halten Sie die Begründung in schriftlicher Form stichpunktartig fest.
- Lesen Sie nun die Erläuterungen zu jeder Antwortalternative durch und vergleichen Sie diese mit Ihren eigenen Begründungen.

■ Bedeutungen

Erläuterung zu a):
Es ist durchaus zutreffend, dass Taxifahrer meist neugierig gegenüber ausländischen Fahrgästen sind. Allerdings dient die Frage nach dem Gehalt nicht zur Erweiterung ihres Wissens. Es gibt daher Antworten, die die Situation bestimmt besser erklären.

Erläuterung zu b):
Beziehungen haben in Malaysia einen besonders hohen Stellenwert. Daher wird auch viel Wert auf Gespräche gelegt, auch wenn sich zwei Fremde begegnen. Zudem wird es als höflich angesehen, mit einem Fahrgast ein Gespräch zu beginnen. Die Antwort erklärt somit einen großen Teil der Situation.

Erläuterung zu c):
Die Neugier und das Interesse an Ausländern sind in Malaysia bestimmt vorhanden. Allerdings ist es unwahrscheinlich, dass Malaysier neidisch auf Europäer sind, da die meisten Malaysier einen relativ hohen Lebensstandard haben. Diese Antwort erklärt die Situation daher nicht.

Erläuterung zu d):
Es ist zutreffend, dass das Gehalt ein beliebtes Smalltalk-Thema ist. Daher erklärt die Antwort zusammen mit Antwort b) die Situation vollständig.

■ Lösungsstrategie

Herr Krause sollte sich darauf einstellen, dass Malaysier sehr kommunikativ und freundlich sind und darüber hinaus neugierig gegenüber Ausländern. Auch Taxifahrer sind sehr aufgeschlossen und reden meist viel mit ihren Fahrgästen. Das Thema Gehalt ist im Gegensatz zu Deutschland ein gängiges Smalltalk-Thema in Malaysia. Das sollte Herr Krause wissen. Auch untereinander würden Malaysier sehr offen über Geld reden, das heißt dieses Verhalten ist nicht unfreundlich gemeint. Wenn Herr Krause sein tatsächliches Gehalt nicht preisgeben möchte, ist es ratsam, eine fiktive Summe zu nennen. Auf jeden Fall sollte er die Antwort nicht verweigern, dies würde als Unhöflichkeit ausgelegt. Wenn man während einer Taxifahrt nicht reden mag, signalisiert man dies dem Fahrer freundlich zu Beginn der Fahrt, am besten indirekt, indem man eine Zeitung aufschlägt oder die Augen schließt oder aus dem Fenster schaut.

Es gibt in Malaysia durchaus noch andere Themen für den Beginn einer Unterhaltung, die in Deutschland nicht üblich sind und über die man informiert sein sollte, zum Beispiel wird auch gern über das Essen gesprochen und häufig gefragt »Haben Sie gut gefrühstückt?« oder »Haben Sie schon gegessen?«. Diese Frage ist nicht als Einladung zu einem Essen zu verstehen, sondern mit der deutschen Frage »Wie geht es Ihnen?« zu vergleichen. Auch die Frage an eine Frau nach deren Familienstand und der Anzahl ihrer Kinder ist sehr üblich und wird von den Malaysiern nicht als zu persönlich empfunden.

Beispiel 18: Ein Anruf

Situation

Herr Mülders lebt seit drei Jahren in Kuala Lumpur. Er arbeitet als leitender Angestellter bei einer internationalen Logistikfirma. Im Rahmen einer Erweiterung des Geschäftsgebietes stellt er erste Kontakte zu einer malaysischen Firma her, mit der er sich eine Erfolg versprechende Zusammenarbeit vorstellen kann. Herr Mülders vereinbart einen ersten gemeinsamen Geschäftstermin. Die Gespräche, die er bei diesem ersten Treffen führt, erscheinen ihm sehr oberflächlich. Herr Rashid, sein malaiischer Geschäftspartner, stellt sich nur kurz vor, gibt Herrn Mülders einen Prospekt seiner Firma in die Hand und spricht mit ihm anschließend über verschiedene Dinge. Es geht dabei allerdings nicht um das Geschäft, sondern eher um das Wetter. Herr Rashid verabschiedet sich schließlich, ohne dass über Geschäftliches geredet wurde. Herr Mülders hält das Geschäftsgespräch für gescheitert. Ohne zwischenzeitlichen Kontakt ruft Herr Rashid nach zwei Monaten bei Herrn Mülders an und fragt, warum dieser bei seiner Firma nichts in Auftrag gegeben habe. Erst jetzt beginnen die Verhandlungen über Preise und Service.

Wie ist das Verhalten von Herrn Rashid zu erklären?

- Lesen Sie nun die Antwortalternativen nacheinander durch.
- Bestimmen Sie den Erklärungswert jeder Antwortalternative für die gegebene Situation und kreuzen Sie ihn auf der darunter befindlichen Skala an. Es ist möglich, dass mehrere Antwortalternativen den gleichen Erklärungswert besitzen.

Deutungen

a) In Malaysia ist es üblich, Geschäfte über das Verteilen von Prospekten anzubahnen. Im ersten Schritt des Geschäftstreffens erfolgt die Übergabe der Visitenkarten, bevor durch einen Prospekt das Produkt für den Geschäftspartner präsentiert wird. Es wird davon ausgegangen, dass sich Herr Mülders die Inhalte des Prospektes in Ruhe zu Hause durchliest, bevor weitere geschäftliche Kontakte erfolgen.

sehr zutreffend	eher zutreffend	eher nicht zutreffend	nicht zutreffend

b) Malaysier müssen zu Geschäftsbeginn eine Beziehung zu ihrem Geschäftspartner aufbauen, bevor es um das eigentliche Geschäft geht. Das erste Treffen dient zum Kennenlernen des anderen, so dass üblicherweise noch nicht über Fakten gesprochen wird.

sehr zutreffend	eher zutreffend	eher nicht zutreffend	nicht zutreffend

c) In Südostasien, und daher auch in Malaysia, ist es bei Geschäftstreffen eine Regel, dass derjenige, der den Kontakt hergestellt hat, den Inhalt des ersten Treffens bestimmt. Herr Mülders hätte somit Fragen stellen müssen, die Herr Rashid hätte beantworten müssen. Da Herr Mülders diese Rolle nicht übernommen hat, war Herr Rashid verunsichert und flüchtete sich in einen Smalltalk.

sehr zutreffend	eher zutreffend	eher nicht zutreffend	nicht zutreffend

d) Malaysier sind es gewohnt, flexibel an mehreren Aufgaben zu arbeiten. Für Herrn Rashid ist ein anderer wichtiger Geschäftstermin dazwischengekommen, so dass er sich nicht ausreichend auf das Gespräch mit Herrn Mülders vorbereiten konnte. Da er den Termin aber nicht absagen wollte, versucht er die Situation mit einem Prospekt der Firma und etwas Smalltalk zu meistern.

sehr zutreffend	eher zutreffend	eher nicht zutreffend	nicht zutreffend

- Versuchen Sie, Ihre Einstufung jeder Antwortalternative zu begründen. Halten Sie die Begründung in schriftlicher Form stichpunktartig fest.
- Lesen Sie nun die Erläuterungen zu jeder Antwortalternative durch und vergleichen Sie diese mit Ihren eigenen Begründungen.

Bedeutungen

Erläuterung zu a):
Es ist unzutreffend, dass Geschäfte in Malaysia durch Prospekte angebahnt werden. Nach Austausch der Visitenkarten sind andere Praktiken für das weitere Geschäft ausschlaggebend. Die Antwort kann die Situation nicht erklären.

Erläuterung zu b):
Es ist für den Geschäftserfolg in Malaysia unerlässlich, zuerst eine persönliche Beziehung zu dem Geschäftspartner herzustellen, damit sich Vertrauen aufbauen kann. Es kann unter Umständen mehrere Monate dauern und zu mehreren Treffen kommen, bevor es zu einem ersten Auftrag oder zu einem Geschäftsabschluss kommt. Diese Antwort erklärt die Situation vollständig.

Erläuterung zu c):
Die beschriebene Regel zum ersten Geschäftstreffen existiert in Malaysia nicht. Die Antwort erklärt die Situation daher nicht.

Erläuterung zu d):
Malaysier sind meist sehr flexibel in ihrer Zeitplanung, was sich auch im Berufsleben äußert. Es kann durchaus sein, dass er noch andere kurzfristige Termine wahrgenommen hat. Da allerdings bei einem ersten Treffen der Beziehungsaufbau im Vordergrund steht, musste sich Herr Rashid inhaltlich nicht vorbereiten. Die Antwort trifft daher nicht zu.

Lösungsstrategie

Herr Mülders sollte wissen, dass der Beziehungsaufbau zwischen Geschäftspartnern in Malaysia eine große Rolle spielt. Während man in Deutschland bereits beim ersten Geschäftstermin direkt zum Punkt kommt und die Verhandlungen sofort stattfinden, ist es in Malaysia normal, dass man sich erst einmal zu einem »Plaudern« trifft. Es ist üblich, dass es auch längere Zeit, teilweise Monate, dauern kann, bevor über das eigentliche Geschäft gesprochen wird. Herr Mülders sollte dazu beitragen, dass sich eine persönliche Beziehung zu seinem Geschäftspartner entwickelt. Er sollte ihn regelmäßig anrufen, ihn zum Essen einladen, ihm eventuell kleine Geschenke machen, damit sich eine persönliche Beziehung zu ihm aufbaut. Herr Mülders sollte es dringend vermeiden, mit der Tür ins Haus zu fallen und schnell Geschäfte machen zu wollen. Das braucht in Malaysia Zeit, die er sich unbedingt nehmen muss. Es ist wichtig, für diesen Beziehungsaufbau ausreichend Zeit einzuplanen und Geduld aufzubringen, da es die Grundlage für das weitere Geschäft darstellt.

Kulturelle Verankerung von »Beziehungsorientierung«

»Antara kaum« kommt aus der malaysischen Sprache. »Antara« bedeutet so viel wie »zwischen«. »Kaum« hat verschiedene Bedeutungen, es heißt »menschlich«, »Volk« bzw. »Stamm«. Übersetzen kann man diese Wendung mit dem Wort »zwischenmenschlich«, wobei dieser Begriff mehr umfasst als im deutschen Sprachraum. Der Begriff bezieht sich auf die Verständigung auf persönlicher und ethnischer Ebene. In Malaysia wird großer Wert auf harmonische zwischenmenschliche Beziehungen gelegt. Malaysier gehen davon aus, dass nur auf der Grundlage von Respekt und Toleranz zwischen den Ethnien harmonische zwischenmenschliche Beziehungen aufgebaut werden können, die ein gutes Zusammenleben und eine Zusammenarbeit möglich machen. Grundlage für Respekt und Toleranz ist die Kenntnis der verschiedenen Kulturen (vgl. Ethnotraditionelle Alltagsorientierung). Sie dient als Basis für tragfähige zwischenmenschliche Beziehungen.

Individuen werden in Malaysia als Mitglieder von Gemeinschaften wahrgenommen. Arbeitgeber- und Arbeitnehmerbeziehungen basieren auf einer moralischen Grundorientierung, welche dem Unternehmen bzw. dem Vorgesetzten eine väterlich-fürsorgliche Rolle zukommen lässt. Es ist unabdingbar für Vorgesetzte, auch auf die privaten Umstände von Mitarbeitern einzugehen. In einer beziehungsorientierten Gesellschaft wie Malaysia stehen bei der Planung und Abwicklung von Aufgaben die involvierten Personen im Vordergrund. Sympathien, Antipathien und Beziehungsnetze spielen eine wichtigere Rolle als in sachorientierten Kulturen. Kommt es zu Konfliktsituationen, dann helfen Beziehungen zu den richtigen Personen weiter, um die Probleme zu lösen. Deshalb wird dem Aufbau von vertrauensvollen Beziehungsnetzen ein hoher Stellenwert beigemessen. Geschäfts- und Privatleben sind nicht strikt getrennt, sondern greifen ineinander über.

In Deutschland dagegen herrscht eine starke Sachfokussierung, das heißt Personen argumentieren primär auf der Basis objektiv nachvollziehbarer Größen. Im Geschäftsleben kommt man gern sofort »zur Sache« und konzentriert sich mehr auf die Produkte. Logik, detaillierte Verträge und Gesetze helfen Deutschen, Ungereimtheiten und Streitfälle sachlich zu lösen. Dabei werden das Privat- und Geschäftsleben strikt getrennt. Persönlicher Freiheit und der Anerkennung individuellen Erfolgs wird in Deutschland ein höherer Stellenwert beigemessen als in Malaysia.

Soziale Beziehungen haben in Malaysia eine größere Bedeutung. Geschenke und gemeinsame Aktivitäten dienen dazu, Beziehungen aufzubauen und zu pflegen. Neuen, fremden Geschäftspartnern gegenüber kann dieses Beziehungssystem natürlich noch nicht greifen. Erste Treffen dienen daher vornehmlich dem Kennenlernen der Entscheidungsträger. Ein Geschäftsabschluss erfolgt bei einem ersten Treffen meist nicht. In nachfolgenden Treffen werden die Beziehungen vertieft und dann eventuell gemeinsame Geschäfte besprochen. Die Phase des Aufbaus von Geschäftsbeziehungen (das Kennenlernen, die Vertrauensbildung) spielt also eine große Rolle. Wer in Malaysia Geschäfte machen möchte, sollte dies wissen.

Auch gemeinsames Essen und Feiern ist wichtig und dient der Beziehungspflege. In Malaysia gehört es zum guten Ton großer Unternehmen, alljährlich ein Jahresbankett für alle Angestellten in einem Luxushotel zu veranstalten, zu dem dann auch die Presse kommt und alles mit Fotos für den Gesellschaftsteil der Tageszeitung festhält.

Kennzeichen für eine starke Beziehungsorientierung ist außerdem, dass in Malaysia auf so genannten Smalltalk großer Wert gelegt wird. Es nicht ungewöhnlich, von Kollegen und flüchtigen Bekannten nach für deutsche Verhältnisse privaten Sachverhalten wie zum Beispiel Familienstand oder Gehalt befragt zu werden.

Grundlage dieser ausgeprägten Beziehungsorientierung sind konfuzianische und islamische Werte. Hauptziel des Konfuzianismus ist es, die Harmonie von Beziehungen zu wahren – auch gegenüber der Familie, die eine große Bedeutung für Malaysier hat. In der Familie hat jedes Individuum eine feste Stellung in der Hierarchie. Auch islamische Werte betonen den Aufbau möglichst harmonischer Beziehungen zur Familie und der gesamten Umgebung. Diese Beziehungen basieren auf Unterordnung und Hierarchie.

Plannerer

■ Themenbereich 6: Familienorientierung

■ Beispiel 19: Ledige Fachkraft

■ Situation

Frau Friedrich, 33 Jahre, lebt seit einem halben Jahr in Malaysia und arbeitet als Fachkraft an einer einheimischen Universität. Dort arbeitet sie eng mit mehreren Malaysierinnen zusammen. Die Frauen gehen häufig nachmittags gemeinsam in die Kaffeepause. Bei einer dieser Pausen kommen die malaysischen Kolleginnen auf das Thema Familie zu sprechen. Einige der Malaysierinnen erzählen lebhaft von ihren Kindern. In diesem Zusammenhang fragen sie auch Frau Friedrich, ob sie verheiratet sei und Kinder habe. Als Frau Friedrich antwortet, dass sie ledig und kinderlos sei, wird sie erstaunt angeschaut. Ihre Kolleginnen teilen ihr mit, dass ihnen dieser Umstand sehr leid tue. Frau Friedrich wundert sich darüber und fragt sich, warum sie deswegen von ihren Kolleginnen bemitleidet wird.

Warum verhalten sich die Kolleginnen so?

- Lesen Sie nun die Antwortalternativen nacheinander durch.
- Bestimmen Sie den Erklärungswert jeder Antwortalternative für die gegebene Situation und kreuzen Sie ihn auf der darunter befindlichen Skala an. Es ist möglich, dass mehrere Antwortalternativen den gleichen Erklärungswert besitzen.

■ Deutungen

a) Malaysia ist ein sehr kinderreiches Land. Für Malaysier bedeuten Kinder, dass sie im Alter unterstützt und versorgt werden.

Daher stehen Frau Friedrich in den Augen der Malaysierinnen im Alter große Probleme bevor. Für diesen Umstand bemitleiden sie ihre deutsche Kollegin.

sehr zutreffend	eher zutreffend	eher nicht zutreffend	nicht zutreffend

b) Bei der Eheanbahnung ist es in Malaysia üblich, dass die Familie einen Partner vorschlägt. Da Frau Friedrich in ihrem Alter noch keinen Partner gefunden hat, gehen sie davon aus, dass sie Probleme mit ihrer Familie hat oder von dieser »verstoßen« wurde.

sehr zutreffend	eher zutreffend	eher nicht zutreffend	nicht zutreffend

c) Für Malaysierinnen haben Ehe und Familie einen besonders hohen Stellenwert. Sie gehen davon aus, dass Frau Friedrich besonders viel Pech gehabt haben muss, wenn sie in diesem Alter noch keine Familie hat. Daher haben sie Mitleid mit ihr.

sehr zutreffend	eher zutreffend	eher nicht zutreffend	nicht zutreffend

d) Da Frau Friedrich in ihrem Alter noch nicht verheiratet ist und zudem noch relativ burschikos aussieht, vermuten ihre malaysischen Kolleginnen, dass Frau Friedrich lesbisch ist, trauen sich aber nicht, sie danach zu fragen.

sehr zutreffend	eher zutreffend	eher nicht zutreffend	nicht zutreffend

- Versuchen Sie, Ihre Einstufung jeder Antwortalternative zu begründen. Halten Sie die Begründung in schriftlicher Form stichpunktartig fest.
- Lesen Sie nun die Erläuterungen zu jeder Antwortalternative durch und vergleichen Sie diese mit Ihren eigenen Begründungen.

Bedeutungen

Erläuterung zu a):
Es ist zutreffend, dass sich die malaysischen Kinder im Alter um ihre Eltern kümmern. Es gibt zwar ein staatliches Rentensystem und Altersheime, im Allgemeinen ist es jedoch Aufgabe der Großfamilie, die Älteren zu versorgen. Daher bedeuten Kinder für Malaysier eine Art Altersabsicherung. Da Frau Friedrich jedoch noch jung ist, wird es nicht der vorrangige Grund des Mitleids sein. Daher erklärt die Antwort nur einen kleinen Teil der Situation.

Erläuterung zu b):
Es ist in Malaysia nur noch selten, dass sich die Familie in die Partnerwahl einmischt. Es kann jedoch davon ausgegangen werden, dass ihre Kolleginnen wissen, dass die Familie in Europa bei der Partnerwahl noch weniger involviert ist. Daher erklären andere Antworten die Situation bestimmt besser.

Erläuterung zu c):
Die Familie hat in Malaysia einen besonders hohen Stellenwert. Der Wert einer Frau drückt sich stärker über eine Heirat und die Anzahl ihrer Kinder aus als über ihre berufliche Karriere. Daher ist es für die malaysischen Kolleginnen unverständlich, dass sie in ihrem Alter dieses Familienglück noch nicht gefunden hat. Daher erklärt diese Antwort die Situation vollständig.

Erläuterung zu d):
Es ist zutreffend, dass Homosexualität in Malaysia in der Öffentlichkeit tabuisiert ist. Zudem sind Malaysier es nicht gewohnt, dass Frauen eine Kurzhaarfrisur tragen, da die meisten Malaysierinnen lange Haare bevorzugen. Allerdings gibt es keine weiteren Anzeichen für die malaysischen Kolleginnen, dass Frau Friedrich lesbisch ist. Daher ist es unwahrscheinlich, dass sie diese Vermutung anstellen. Diese Antwort erklärt die Situation daher nicht.

Lösungsstrategie

Frau Friedrich sollte wissen, dass für Malaysier die Familie einen besonders hohen Stellenwert besitzt. Es gibt kaum Lebenspartnerschaften ohne Trauschein und meist hat jede Familie mindestens drei Kinder. Malaysier haben wenig Verständnis dafür, dass es in Deutschland immer mehr Frauen gibt, die keine Kinder wollen oder sich erst sehr spät für ein Kind entscheiden. Es macht wenig Sinn, den Malaysiern oder Malaysierinnen die deutschen Standpunkte von Ehe und Familie zu erklären, man würde nur auf wenig Verständnis stoßen. Frau Friedrich sollte sich zu diesem Thema zurückhaltend äußern, um nicht von den Kolleginnen abgelehnt zu werden. Sicher wäre es ratsam, wenn sie über ihre eigene Familie, das heißt über ihre Eltern, Geschwister, Nichten oder Neffen berichten und eventuell Fotos zeigen würde.

Beispiel 20: Freie Stelle

Situation

Herr Bartsch lebt seit eineinhalb Jahren in Malaysia. Er ist Personalchef eines internationalen Hotels in Penang. Im Zuge einer Modernisierung wird im Hotel ein neuer Seminarbereich mit einer Kapazität von bis zu 300 Tagungsteilnehmern eröffnet. Für die Leitung des Seminarbereichs ist eine Stelle zu besetzen. Herr Bartsch überlegt, wer für diese Position am besten qualifiziert sei. Er denkt an eine seiner malaysischen Mitarbeiterinnen, Frau Aziz. Diese arbeitet seit neun Jahren im Hotel und stieg im Laufe der Zeit von einer einfachen Hotelangestellten zu einer leitenden Managerin auf. Frau Aziz ist 41 Jahre alt, verheiratet und hat zwei Kinder. Sie scheint ihm für diese Stelle besonders geeignet. Herr Bartsch bietet Frau Aziz schließlich die leitende Stelle im Seminarbereich an, die für sie einen weiteren Aufstieg bedeuten würde. Herr Bartsch ist überrascht, als Frau Aziz bezüglich der Stelle um Bedenkzeit bittet. Letztendlich lehnt sie die Position ohne Begründung ab und kündigt zudem ihre aktuelle Stelle. Herr

Bartsch kann sich nicht erklären, warum sie ablehnt und kündigt, da für ihn kein erkennbarer Grund im Hotel vorliegt.

Wie können Sie das Verhalten von Frau Aziz erklären?

- Lesen Sie nun die Antwortalternativen nacheinander durch.
- Bestimmen Sie den Erklärungswert jeder Antwortalternative für die gegebene Situation und kreuzen Sie ihn auf der darunter befindlichen Skala an. Es ist möglich, dass mehrere Antwortalternativen den gleichen Erklärungswert besitzen.

■ Deutungen

a) Frau Aziz legt keinen besonderen Wert auf Karriere, für sie haben ihr Mann und ihre beiden Kinder höchste Priorität. Da ihr Mann mittlerweile viel Geld verdient, haben sie gemeinsam entschieden, dass sich Frau Aziz ab sofort wieder ganz dem Haushalt und den Kindern widmen kann. Deshalb lehnt sie die Stelle ab und kündigt zusätzlich.

sehr zutreffend	eher zutreffend	eher nicht zutreffend	nicht zutreffend

b) Frau Aziz würde in der neuen Position mehr Geld als ihr Ehemann verdienen. Dies stellt im traditionellen Rollenbild Malaysias ein Problem dar, da der Ehemann dadurch sein Ansehen vor der Großfamilie verlieren würde. Nach Aussprache mit ihrem Ehemann muss sie auf seinen Druck ganz kündigen.

sehr zutreffend	eher zutreffend	eher nicht zutreffend	nicht zutreffend

c) Trotz der vielen Jahre Berufserfahrung, die Frau Aziz im Hotelgewerbe vorzeigen kann, scheut sie den neuen Job, weil er mehr Verantwortungsübernahme für sie bedeuten würde. Da ein Ablehnen der Stelle mit einem Nein und damit mit dem Verlust ihres Ansehens und das ihres Chefs verbunden wäre, gibt sie die Stelle lieber ganz auf.

sehr zutreffend	eher zutreffend	eher nicht zutreffend	nicht zutreffend

d) Frau Aziz arbeitet seit längerer Zeit in einem festen Kollegium, wo eine gute Arbeitsatmosphäre herrscht und wo jeder seine festen Aufgaben hat. Diese Gemeinschaft schätzt sie so sehr, dass sie diese nicht durch einen Jobwechsel aufgeben möchte. Da sie sich nicht traut, diese Tatsache Herrn Bartsch mitzuteilen, fühlt sie sich gezwungen, ihre Stelle zu kündigen.

sehr zutreffend	eher zutreffend	eher nicht zutreffend	nicht zutreffend

- Versuchen Sie, Ihre Einstufung jeder Antwortalternative zu begründen. Halten Sie die Begründung in schriftlicher Form stichpunktartig fest.
- Lesen Sie nun die Erläuterungen zu jeder Antwortalternative durch und vergleichen Sie diese mit Ihren eigenen Begründungen.

■ Bedeutungen

Erläuterung zu a):
Der Anteil der Frauen im Arbeitsleben liegt bei etwa 38 Prozent. Viele Frauen gehen bald nach der Geburt wieder arbeiten, da sich die Großfamilie um den Nachwuchs sorgt. Allerdings legen die meisten Frauen keinen so besonderen Wert auf ihren Beruf, wie das in vielen westlichen Ländern der Fall ist. Daher ist es durchaus möglich, dass sich eine Frau, die im Berufsleben stand, nach einiger Zeit wieder ganz für die Familie entscheidet. Diese Antwort erklärt die Situation größtenteils.

Erläuterung zu b):
Der Mann ist in der malaysischen Gesellschaft für die finanzielle Versorgung der Familie zuständig. Das traditionelle Rollenverständnis ist in vielen Fällen noch ausgeprägt. Das zeigt sich vor allem noch auf dem Land und bei den älteren Generationen. Daher könnte es sein, dass ihr Ehemann ein Problem damit hat,

wenn seine Frau mehr Geld als er verdienen würde. Die Antwort erklärt einen Teil der Situation.

Erläuterung zu c):
Mehr Verantwortungsübernahme kann für Malaysier ein Problem darstellen, da sie meist einen eher autoritären Führungsstil gewöhnt sind, der ihnen im Normalfall weniger Verantwortung überträgt. Da Frau Aziz allerdings schon seit neun Jahren im Hotel arbeitet und bereits zu einer leitenden Angestellten aufgestiegen ist, dürfte das keinen Grund für sie darstellen. Daher gibt es Antworten, die die Situation besser erklären.

Erläuterung zu d):
Die malaysische Gesellschaft ist sehr gemeinschaftsorientiert, was sich auch im beruflichen Alltag äußert. Frau Aziz nimmt einen festen Platz in der Gruppe der Hotelangestellten ein, den sie durch einen Wechsel verlassen müsste. Allerdings ist es in internationalen Hotels üblich, dass die Chefs oder Arbeitsteams wechseln. Daher gibt es Antworten, die die Situation besser erklären.

■ Lösungsstrategie

Herr Bartsch sollte wissen, dass für Malaysierinnen die Karriere der Familie untergeordnet ist. Das ist zwar teilweise auch in Deutschland der Fall, aber der Trend geht in Richtung Gleichberechtigung von Mann und Frau, auch was das Arbeitsleben und die Versorgung der Familie betrifft. Die Rollenverteilung von Mann und Frau ist in Deutschland nicht so klar differenziert, wie dies meist in Malaysia der Fall ist. Dort ist die Frau für die Kinder und den Haushalt zuständig, während es die Aufgabe des Mannes ist, die Familie zu versorgen. Herr Bartsch sollte daher damit rechnen, dass seine Mitarbeiterinnen eine Stelle, die viel Verantwortung erfordert sowie möglicherweise Überstunden mit sich bringt, von einheimischen Frauen eher abgelehnt wird. Hinzu kommt, dass vielen Malaien (im Gegensatz zu Chinesen) materieller Reichtum weniger wichtig ist. Viel Geld zu verdienen, aber gleichzeitig weniger Zeit für die Familie zu haben, wird nicht erstrebt.

Herr Bartsch sollte versuchen, ein persönliches Gespräch mit seiner Mitarbeiterin zu führen, in dem er sein Verständnis für deren familienorientierte Einstellung zeigt und ihr erklärt, dass der Karriereschritt nur als ein Angebot zu sehen ist, dass sie nicht annehmen muss.

Kulturelle Verankerung von »Familienorientierung«

Malaysier beziehen ihre Anerkennung und gesellschaftliche Stellung zu einem hohen Grad aus der Zugehörigkeit zu ihren Familien. Die Familie hat für Malaysier jeglicher ethnischer Herkunft daher eine herausragende Bedeutung. Für Malaysier sind ein schönes Zuhause und eine glückliche Familie sehr wichtig. Es gibt sogar einen Slogan der Regierung, der übersetzt »Meine Familie ist mein Paradies« lautet. Das macht die hohe Stellung der Familie deutlich.

Malaysier sind sehr kinderlieb und ihre Familien daher sehr kinderreich. Uneheliche Kinder werden von der malaysischen Gesellschaft nicht gern gesehen. Will man eine Familie gründen, dann ist eine Heirat Voraussetzung. Meist kümmert sich dann die Ehefrau um Kinder und Haushalt, der Ehemann sorgt dafür, dass es der Familie wirtschaftlich gut geht. Wenn beide Elternteile berufstätig sind, kümmern sich andere Familienmitglieder um die Betreuung der Kinder. Denn meist lebt eine ganze Großfamilie gemeinsam unter einem Dach oder zumindest in der Nachbarschaft, so dass gegenseitige Hilfe möglich ist.

In Deutschland gibt es einen eher gegenläufigen Trend. Während es in Malaysia keine Frage ist, ob man eine Familie gründen möchte oder nicht, existieren in Deutschland vermehrt Singlehaushalte. Viele Frauen entscheiden sich dafür, keine Kinder zu bekommen und legen ihr Augenmerk eher auf die Karriere. Kind und Karriere miteinander vereinbaren zu können, ist auch durch mangelnde Kinderbetreuung erschwert. Die Familie wohnt meist weit verstreut oder gar in anderen Städten.

In Malaysia hingegen betreuen meist die älteren Familienmitglieder die Kinder. Man fühlt sich seiner Familie gegenüber sehr stark verpflichtet. Man versucht liebevoll, respektvoll und tolerant mit seiner Familie umzugehen. Wie auch im Berufsleben existiert innerhalb der Familie eine bestimmte Hierarchie. Die Hierarchie gliedert sich nach Alter und Geschlecht. Ältere Geschwister kümmern sich um die jüngeren. Das Familienoberhaupt ist der Mann. Besonders den Alten wird viel Respekt entgegengebracht. Es ist selbstverständlich, sie im Alter zu pflegen, so dass in Malaysia daher auch kaum Altenpflegeeinrichtungen existieren.

Die starke Familienorientierung leitet sich aus dem Islam und dem Konfuzianismus ab. Das weltbildliche Zentrum ist die Familie, nicht das Individuum. Die Familie ist für Malaysier der wichtigste Bezugspunkt und für sie unersetzlich. Die Bindungen und Beziehungen innerhalb der Familie harmonisch zu gestalten, ist daher für Malaysier sehr wichtig.

■ Themenbereich 7: Polychrones Zeitverständnis

■ Beispiel 21: Umzug

■ Situation

Herr Nuss ist Fachkraft eines deutschen Instituts in Malaysia, das zum deutsch-malaysischen Kulturaustausch beiträgt. Er ist seit vier Monaten vor Ort. Zur Durchführung seines Umzugs beauftragt er eine malaysische Umzugsfirma. Er vereinbart mit Herrn Sesha, Malaysier indischer Herkunft, einen Termin für die Lieferung der Umzugscontainer. Der Umzug wird für den übernächsten Tag, zehn Uhr morgens, vereinbart. Für diesen Tag nimmt sich Herr Nuss Urlaub. Doch am vereinbarten Tag ist bis elf Uhr noch niemand da. Daraufhin ruft Herr Nuss beim Umzugsunternehmen an und fragt Herrn Sesha, wo die vereinbarte Lieferung der Umzugscontainer bliebe. Er bekommt zur Antwort, dass diese gegen ein Uhr Mittag bei ihm ankäme. Als Herr Nuss auf den vereinbarten Zeitpunkt von zehn Uhr hinweist, bekommt er zur Antwort, dass es nicht schneller ginge und Herr Nuss doch Zeit habe. Herr Nuss ist darüber verärgert und erwähnt, dass seine Firma nur eine bestimmte Zeit lang die Containermiete zahlen würde und die Umzugsfirma alle weiteren Kosten darüber hinaus zu tragen habe. Daraufhin reagiert Herr Sesha ebenfalls verärgert und antwortet, dass er sich nicht unter Druck setzen lasse. Ohne konkrete Vereinbarung wird das Gespräch beendet. Schließlich findet der Umzug erst am Nachmittag statt. Herr Nuss wundert sich, warum die vereinbarte Zeit nicht eingehalten wurde.

Warum muss Herr Nuss so lange auf seine Umzugscontainer warten?

– Lesen Sie nun die Antwortalternativen nacheinander durch.
– Bestimmen Sie den Erklärungswert jeder Antwortalternative für die gegebene Situation und kreuzen Sie ihn auf der darunter befindlichen Skala an. Es ist möglich, dass mehrere Antwortalternativen den gleichen Erklärungswert besitzen.

Deutungen

a) Herr Sesha ist über den lauten und leicht aggressiven Tonfall von Herrn Nuss beleidigt. Er bemüht sich daher nicht weiter, den vereinbarten Termin einzuhalten.

sehr zutreffend	eher zutreffend	eher nicht zutreffend	nicht zutreffend

b) Die malaysischen Häfen und die Infrastruktur in weiten Teilen des Landes sind nur sehr mangelhaft ausgebaut. Dadurch kommt es oft zu ungeplanten Verspätungen, die durchaus mehrere Stunden ausmachen können.

sehr zutreffend	eher zutreffend	eher nicht zutreffend	nicht zutreffend

c) Da Herr Sesha Malaysier indischer Herkunft ist, hat er oft Probleme mit Malaysiern chinesischer Abstammung oder mit Malaien. Die Arbeiter des Hafens, wo die Lieferung ankommt, sind Malaien und können Herrn Sesha nicht leiden. Um seiner Umzugsfirma zu schaden, haben sie seine Lieferung bewusst verzögert.

sehr zutreffend	eher zutreffend	eher nicht zutreffend	nicht zutreffend

d) Termine bzw. zeitliche Absprachen dienen in Malaysia nur der groben Orientierung und sind nicht verbindlich. Man ist es nicht gewohnt in genauen Zeiteinheiten zu planen. Verspätungen sind daher an der Tagesordnung.

sehr zutreffend	eher zutreffend	eher nicht zutreffend	nicht zutreffend

- Versuchen Sie, Ihre Einstufung jeder Antwortalternative zu begründen. Halten Sie die Begründung in schriftlicher Form stichpunktartig fest.
- Lesen Sie nun die Erläuterungen zu jeder Antwortalternative durch und vergleichen Sie diese mit Ihren eigenen Begründungen.

■ Bedeutungen

Erläuterung zu a):
Es ist möglich, dass Herr Sesha durch den Tonfall von Herrn Nuss verärgert ist. Zudem weiß Herr Sesha, dass Herr Nuss Urlaub hat und wundert sich, dass er schon nach einer Stunde Verspätung anruft und sich beschwert. Allerdings ist es fraglich, ob er ohne Beleidigung durch Herrn Nuss die Umzugscontainer früher geliefert hätte. Die Antwort erklärt die Situation daher nicht zutreffend.

Erläuterung zu b):
Diese Erklärung trifft nicht zu, da Malaysia in Südostasien zu den am weitesten entwickelten Ländern zählt. Häfen und Straßen sind sehr gut ausgebaut. Bis auf die Innenstadt in Kuala Lumpur kommt es auch nur selten auf den Straßen zu Staus. Daher kann diese Antwort die Situation nicht erklären.

Erläuterung zu c):
Es ist in Malaysia erkennbar, dass die drei Hauptethnien, Malaien, Chinesen und Inder, im Arbeits- und Freizeitleben gern unter sich bleiben. Allerdings tolerieren sie sich seit Jahrzehnten gegenseitig, so dass es eher unwahrscheinlich ist, dass die Umzugsfirma von Herrn Sesha bewusst sabotiert wurde. Diese Antwort erklärt die Situation daher nicht.

Erläuterung zu d):
Herr Nuss hätte von Anfang an davon ausgehen sollen, dass die Container im Laufe des Tages geliefert werden. In Malaysia sind terminliche Zeitvorgaben eher unverbindlich zu verstehen. Trotzdem versucht ein Malaysier möglichst pünktlich zu liefern, wobei im Laufe des Vormittags eher im Laufe des Tages bedeutet.

Da Herr Sesha zusätzlich weiß, dass Herr Nuss Urlaub hat, wundert er sich, dass Herr Nuss keine Zeit hat. Diese Antwort erklärt die Situation somit vollständig.

■ Lösungsstrategie

Es ist wichtig, dass sich Herr Nuss darauf einstellt, dass die zeitliche Vereinbarung mit Herrn Sesha nur eine grobe Orientierung darstellt und Pünktlichkeit, im Gegensatz zu Deutschland, in Malaysia nicht als Tugend gilt. Herr Nuss sollte an diesem Tag keinen weiteren Termin einplanen, bei dem er das Haus verlassen müsste und er sollte von vornherein mit einer Verspätung von Herrn Sesha rechnen. Vielmehr sollte er seinen Urlaubstag zu Hause nutzen und während des Wartens andere Tätigkeiten im Haus oder Garten erledigen. Er sollte flexibel genug sein, sich anderen Aufgaben oder Tätigkeiten zu widmen und eventuell dann für die Containerlieferung zu unterbrechen. Auch sollte er es vermeiden, Herrn Sesha Vorwürfe wegen der Verspätung zu machen. Dies würde nichts an dem Umstand der zeitlichen Verzögerung ändern und Herr Sesha würde die Kritik auch nicht verstehen. Malaysier pflegen einen lockeren Umgang mit Zeit.

■ Beispiel 22: Agentur

■ Situation

Herr Scholz und seine Familie leben seit drei Monaten in Malaysia. Herr Scholz arbeitet als Marketingleiter für eine deutsche Firma der metallverarbeitenden Industrie in Melaka. Im Haus der Familie ist eine indonesische Haushaltshilfe angestellt, für die Herr Scholz umgehend Immigrationspapiere und eine Arbeitserlaubnis beschaffen muss. Mit der Beschaffung dieser Papiere beauftragt er Frau Zainal, malaiische Mitarbeiterin einer ortsansässigen Agentur. Diese Agentur ist auf solche Aufgaben spezialisiert. Bei der Vertragsvereinbarung teilt ihm Frau Zainal mit, dass dieser Vorgang etwa drei Wochen dauern würde und sie ihm dann

Bescheid gäbe. Als er nach vier Wochen keine Nachricht der Agentur erhält, ruft Herr Scholz bei Frau Zainal an. Er erreicht sie nicht persönlich und bittet deshalb um Rückruf. Doch Frau Zainal ruft nicht zurück. Nach einer weiteren Woche vergeblichen Wartens versucht er es erneut bei Frau Zainal und erreicht sie persönlich. Auf seine Nachfrage bezüglich der Papiere für seine Hausangestellte entgegnet sie, »sie wisse auch nicht genau, alles sei in Arbeit«. Danach wartet Herr Scholz zwei weitere Monate vergeblich, bis er schließlich eine andere Agentur damit beauftragt. Er ärgert sich über Frau Zainal und fragt sich, warum sie ihre Zusage nicht eingehalten und ihm nicht früh genug Rückmeldung darüber gegeben hat.

Warum hat sich Frau Zainal so verhalten?

- Lesen Sie nun die Antwortalternativen nacheinander durch.
- Bestimmen Sie den Erklärungswert jeder Antwortalternative für die gegebene Situation und kreuzen Sie ihn auf der darunter befindlichen Skala an. Es ist möglich, dass mehrere Antwortalternativen den gleichen Erklärungswert besitzen.

Deutungen

a) Die zeitliche Angabe von drei Wochen dient nur der groben Orientierung und wird nicht als verbindlich angesehen. Die Agentur meldet sich erst wieder bei Herrn Scholz, wenn sie ein Ergebnis vorliegen hat.

sehr zutreffend	eher zutreffend	eher nicht zutreffend	nicht zutreffend

b) Die Arbeit von Frau Zainal ist abhängig von den malaiischen Behörden, die teilweise sehr langsam arbeiten. Daher kann sie den Auftrag nicht fristgerecht erledigen.

sehr zutreffend	eher zutreffend	eher nicht zutreffend	nicht zutreffend

c) In malaysischen Firmen herrscht eine starke Arbeitsteilung. Frau Zainal ist für die eingehenden Aufträge zuständig, die sie dann an eine andere Abteilung zur Abwicklung weiterleitet. Sie fühlt sich nicht mehr zuständig für die Anfrage von Herrn Scholz.

sehr zutreffend	eher zutreffend	eher nicht zutreffend	nicht zutreffend

d) Die Beschaffung der Papiere gestaltet sich als sehr schwierig bis aussichtslos. Diese schlechte Nachricht möchte Frau Zainal Herrn Scholz ungern mitteilen.

sehr zutreffend	eher zutreffend	eher nicht zutreffend	nicht zutreffend

- Versuchen Sie, Ihre Einstufung jeder Antwortalternative zu begründen. Halten Sie die Begründung in schriftlicher Form stichpunktartig fest.
- Lesen Sie nun die Erläuterungen zu jeder Antwortalternative durch und vergleichen Sie diese mit Ihren eigenen Begründungen.

■ Bedeutungen

Erläuterung zu a):

Es ist sehr wahrscheinlich, dass Frau Zainal die Angabe von drei Wochen nur als grobe Richtlinie angegeben hat. Sie weiß aus Erfahrung, dass aufgrund vielfältiger Einflussfaktoren nicht mit der genauen Einhaltung des Termins gerechnet werden kann. Sie nimmt an, dass Herr Scholz ihre Angabe auch nur als grobe Orientierung verstanden hat und fühlt sich daher auch nicht verpflichtet, Herrn Scholz über die Verzögerung zu informieren. Diese Antwort erklärt die Situation größtenteils.

Erläuterung zu b):

Bei der Beschaffung der Immigrationspapiere und der Arbeitserlaubnis muss sich die Agentur tatsächlich an die malaiischen Behörden wenden, die sich teilweise durchaus sehr lange mit der Bearbeitung einer Angelegenheit beschäftigen. Allerdings dürfte es der Agentur, die sich darauf spezialisiert hat, leichter und schneller gelingen, an die benötigten Papiere zu kommen. Daher gibt es andere Antworten, die die Situation bestimmt besser erklären.

Erläuterung zu c):
Diese Erklärung ist eher unwahrscheinlich, weil Frau Zainal mit Herrn Scholz vereinbart hatte, dass sie ihm über den Vorgang in drei Wochen wieder Bescheid geben würde. Ansonsten hätte sie ihm von Anfang an einen anderen Ansprechpartner aus der Agentur für die weitere Bearbeitung seines Vorgangs nennen können. Daher erklärt die Antwort die Situation nicht.

Erläuterung zu d):
Es könnte tatsächlich sein, dass sich die Anfrage als schwieriger erweist, als Frau Zainal es vorher eingeschätzt hat. Sie weiß genau, dass der Vorgang noch etwas dauern wird und versucht Herrn Scholz mit ihrer Aussage zu vertrösten, um ihm erst einmal keine schlechte Nachricht zu übermitteln. Diese Antwort erklärt, zusammen mit Antwort a), die Situation vollständig.

■ Lösungsstrategie

Herr Scholz sollte sich darauf einstellen, dass Zeitangaben in Malaysia nicht genau eingehalten werden und die Vorgänge im Normalfall länger dauern. Daher sollte er eine gewisse »Pufferzeit« einbauen und sein Anliegen früher in Auftrag geben, als er das in Deutschland machen würde. Darüber hinaus ist es in Malaysia eher üblich, als Auftraggeber immer wieder nachzufragen. In Deutschland gilt der Kunde als König, der Dienstleister steht in der Bringschuld, was in Malaysia nicht der Fall ist.

Herr Scholz sollte Kontakt mit der Agentur halten und ab und zu versuchen, auch persönlich vorbeizukommen. Er sollte möglichst häufig anrufen und sich regelmäßig nach seinem Anliegen erkundigen. Dadurch könnte sich eine bessere Beziehung zu Frau Zainal ergeben, so dass sie seinen Auftrag eventuell vorrangig bearbeiten würde.

Beispiel 23: Belege

Situation

Frau Schumacher lebt seit neun Monaten in Malaysia. Sie ist vor Ort Buchhalterin eines deutschen Instituts für politische Bildung. Im Rahmen eines deutsch-malaysischen Projekts arbeitet sie mit der Malaiin Frau Hakam zusammen. Frau Hakam ist bei der malaysischen Partnergesellschaft als Chefsekretärin tätig und für die organisatorische Abwicklung des Projektes zuständig. Sie ist zur gleichen Zeit in einem weiteren Projekt des deutschen Instituts involviert. Nachdem das Projekt mit Frau Schumacher abgeschlossen wurde, wendet sich Frau Schumacher an Frau Hakam. Sie benötigt für ihre Buchhaltung entsprechende Belege der malaysischen Partnergesellschaft und bittet per E-Mail darum. Da Frau Hakam auf diese E-Mail nicht reagiert, versucht Frau Schumacher sie telefonisch zu erreichen. Am Telefon bestätigt Frau Hakam, dass sie die E-Mail erhalten habe. Frau Schumacher betont, dass sie die Belege dringend bräuchte. Daraufhin führt Frau Hakam verschiedene Gründe an, warum sie die Belege noch nicht verschicken konnte und verspricht, dies umgehend zu erledigen. Frau Schumacher liegen die angeforderten Belege nach drei Monaten immer noch nicht vor und sie fragt sich, warum das so lange dauert.

Warum muss Frau Schumacher so lange auf die Belege warten?

- Lesen Sie nun die Antwortalternativen nacheinander durch.
- Bestimmen Sie den Erklärungswert jeder Antwortalternative für die gegebene Situation und kreuzen Sie ihn auf der darunter befindlichen Skala an. Es ist möglich, dass mehrere Antwortalternativen den gleichen Erklärungswert besitzen.

Deutungen

a) Die Belege sind im Unternehmen verloren gegangen. Frau Hakam traut sich nicht, diese schlechte Nachricht an Frau Schumacher zu übermitteln und vertröstet sie daher mit Ausreden.

sehr zutreffend	eher zutreffend	eher nicht zutreffend	nicht zutreffend

b) Der geschäftliche Umgang mit E-Mails ist in Malaysia nicht besonders verbreitet. Bei einer Anfrage wird normalerweise angerufen oder das persönliche Gespräch gesucht.

sehr zutreffend	eher zutreffend	eher nicht zutreffend	nicht zutreffend

c) Ohne zusätzliche Anweisung ihres Chefs fühlt sie sich nicht veranlasst, auf die Bitte von Frau Schumacher einzugehen.

sehr zutreffend	eher zutreffend	eher nicht zutreffend	nicht zutreffend

d) Frau Hakam arbeitet noch für weitere Projekte ihres Instituts. Andere Aufgaben, die in der Zwischenzeit angefallen sind, bearbeitet sie gerade. Dadurch ist die Anfrage von Frau Schumacher nach den Belegen bei ihr in Vergessenheit geraten.

sehr zutreffend	eher zutreffend	eher nicht zutreffend	nicht zutreffend

- Versuchen Sie, Ihre Einstufung jeder Antwortalternative zu begründen. Halten Sie die Begründung in schriftlicher Form stichpunktartig fest.
- Lesen Sie nun die Erläuterungen zu jeder Antwortalternative durch und vergleichen Sie diese mit Ihren eigenen Begründungen.

■ Bedeutungen

Erläuterung zu a):

Es könnte zutreffen, dass Frau Hakam Frau Schumacher diese schlechte Nachricht nicht überbringen möchte. Allerdings ist es eher unwahrscheinlich, dass Belege gänzlich verloren gehen, weil malaysische Institute und Unternehmen im Normalfall ihre Arbeit mit Hilfe von Computern erledigen und gut strukturiert sind. Diese Antwort ist daher nicht richtig.

Erläuterung zu b):
Es ist eher unwahrscheinlich, dass Frau Hakam der Umgang mit E-Mails nicht vertraut ist. Malaysia hat in den letzten Jahren eine rasante wirtschaftliche Entwicklung durchlaufen und ist technologisch sehr gut ausgestattet. Die Kommunikation über E-Mails ist daher im Geschäftsleben vertraut und üblich. Diese Antwort trifft nicht zu.

Erläuterung zu c):
In Malaysia ist es durchaus üblich, dass Angestellte nur auf Anweisung des Chefs arbeiten. Sie sind es nicht gewöhnt, selbstständig zu arbeiten. Es kann auch durchaus sein, dass sie keinen eigenen Zugriff auf die Belege hat. Daher empfindet sie auch keine große Verpflichtung gegenüber der Anfrage von Frau Schumacher. Diese Antwort erklärt daher einen Teil der Situation.

Erläuterung zu d):
Es ist sehr wahrscheinlich, dass Frau Hakam in der Zwischenzeit einige andere Arbeitsaufträge bekommen hat. Sie ist es gewohnt, an mehreren Aufträgen oder Projekten gleichzeitig zu arbeiten. Daher kann es durchaus passieren, dass sie eine Anfrage vergisst oder sie erst wieder zu einem späteren Zeitpunkt bearbeitet. Erläuterung c) und d) können die Situation vollständig erklären.

■ Lösungsstrategie

In Malaysia ist es üblich, dass mehrere Aufträge oder Projekte gleichzeitig bearbeitet werden. Dadurch kann es vorkommen, dass manche Projekte nicht konsequent nacheinander abgearbeitet werden. Darüber hinaus ist Frau Hakam direkt von Frau Schumacher auf die Belege angesprochen worden, so dass der übliche Dienstweg über den Chef nicht eingehalten wurde. Sie fühlt sich nicht befugt und kommt vielleicht auch ohne sein Einverständnis nicht an die angeforderten Belege heran.

Frau Schumacher sollte sich in Geduld üben und akzeptieren, dass durch das »Multitasking« der Malaysier manche Anfragen etwas länger dauern und eventuell in Vergessenheit geraten. Es wäre bestimmt sinnvoll, wenn Frau Schumacher zusätzlich zu der

E-Mail anruft und in höflichem Ton auf ihr eigenes Anliegen hinweist. Ist die Angelegenheit besonders dringend, wäre es ratsam, wenn sie durch wiederholte Telefonate die Dringlichkeit zum Ausdruck bringen oder persönlich bei Frau Hakam vorbeikommen und ihr Anliegen erläutern würde.

Auf der anderen Seite könnte sich Frau Schumacher mit ihrem Anliegen auch direkt an den Chef von Frau Hakam wenden. Damit wäre sichergestellt, dass Frau Schumacher den üblichen Dienstweg einhält und sich Frau Hakam aufgrund der Anweisung ihres Chefs der Anfrage gegenüber verantwortlicher fühlt und sie vielleicht vorrangig bearbeitet.

■ Kulturelle Verankerung von »Polychrones Zeitverständnis«

In Malaysia existiert ein anderes Zeitverständnis als in Deutschland. Zeit ist für die meisten Malaysier etwas Subjektives und Relatives. Sie haben ein so genanntes polychrones Zeitverständnis. Das führt dazu, dass Malaysier sich mehr Zeit für die Erledigung von Arbeiten nehmen. Sie erledigen generell mehrere Dinge zur gleichen Zeit, ohne unbedingt bereits die vorherigen Arbeitsschritte abgeschlossen zu haben. Diese polychrone Zeiteinteilung geht immer mit einer Personenorientierung (vgl. Beziehungsorientierung) einher. In einer bestimmten Zeit arbeitet man also parallel an verschiedenen Projektabschnitten, meist in enger Zusammenarbeit mit anderen Personen.

Zeitliche Vereinbarungen genau einzuhalten, wird nicht so wichtig genommen, denn das kann auch Kurzsichtigkeit bedeuten. Schließlich könnte man aufgrund des Termindrucks Chancen für die Knüpfung neuer oder die Pflege alter Beziehungen oder andere ungeahnte Möglichkeiten verpassen. So wäre man zwar pünktlich, hätte die Zeit aber nicht optimal genutzt. Menschen mit polychronem Zeitempfinden reagieren gelassener auf Arbeitsunterbrechungen. Das polychrone Zeitempfinden zielt ganz darauf ab, auf sich bietende Chancen schnell und flexibel reagieren zu können.

In Deutschland herrscht ein anderes Zeitverständnis. Hier gelten Redensarten wie »Erst die Arbeit, dann das Vergnügen«, »Immer schön eins nach dem anderen« oder »Was Du heute kannst besorgen, das verschiebe nicht auf morgen«. Diese Redensarten enthalten Hinweise auf unsere Einstellung zum Zeitmanagement. Dinge sollten nacheinander getan werden und erst wenn ein Schritt abgeschlossen ist, sollte der nächste erfolgen. Diesen Umgang mit Zeit nennt man monochron. Zeit wird als etwas Begrenztes, Kostbares gesehen. Um Ziele zu erreichen, werden genaue Zeitpläne erstellt und einzelne Zeiteinheiten strukturiert. Man konzentriert sich zu einer bestimmten Zeit auf bestimmte Dinge. Dieses Verhalten ist planvoll, aber relativ unflexibel.

Malaysier chinesischer Herkunft sind die einzige Bevölkerungsgruppe in Malaysia, die aufgrund ihres ausgeprägten Geschäftssinns ein monochrones Zeitverständnis haben, meist pünktlich sind und Termine einhalten. Sowohl Malaien als auch Malaysier indischer Herkunft haben ein polychrones Zeitverständnis. Pünktlichkeit und Deadlines werden von ihnen nicht so wichtig genommen. Terminvorgaben sind oft eher freundliche Empfehlungen. Deren Einhaltung hängt auch von der gesellschaftlichen Stellung der Interaktionspartner und dem jeweiligen situativen Kontext ab. Die pünktliche Erfüllung von Terminen ist persönlichen, zwischenmenschlichen Beziehungen untergeordnet. Verspätet zu Terminen zu erscheinen wird im malaysischen Kontext weder vom Wartenden noch vom Verspäteten als Zeitverlust empfunden. Wenn man unpünktlich zu Verabredungen erscheint, bringt dies nicht zum Ausdruck, dass man dem Treffen weniger Bedeutung beimisst. Verspätungen sind kein Grund für Kritik oder gar Streit. Auch ist es nicht unüblich, Meetings für Telefonate zu unterbrechen.

Darüber hinaus denken Deutsche tendenziell langfristiger als Malaysier. Dies kann Auswirkungen auf die Art haben, wie im Berufsleben geplant und berichtet wird. Man ist es nicht unbedingt gewohnt, so weit im Voraus zu planen. Was anliegt, wird sofort erledigt, langfristiges Planen findet kaum statt.

Im Zusammenhang mit diesem polychronen Zeitverständnis stehen die klimatischen Bedingungen. In Malaysia herrscht tropisches Klima mit hohen Temperaturen und einer starken Luftfeuchtigkeit. Diese klimatischen Bedingungen führen einerseits dazu, dass man sich langsamer bewegen muss, um negative körperliche Auswirkungen zu vermeiden, was natürlich Einfluss auf das Zeiterleben hat. Zeit spielt eine untergeordnete Rolle, Dinge müssen schon aufgrund des Klimas in Ruhe und langsamer erledigt werden. Auch sind durch die ähnlich bleibenden Temperaturen während der wechselnden Jahreszeiten keine Engpässe in der Nahrungsversorgung zu erwarten. So musste im Gegensatz zu Deutschland in Malaysia nie eine Vorratshaltung stattfinden. Langfristiges Planen war in Malaysia somit nie notwendig, um zu überleben.

Neben klimatischen Ursachen bestimmen auch konfuzianische und islamische Einflüsse das polychrone Zeitempfinden. Zeit wird sowohl im Islam, als auch im Konfuzianismus als etwas Subjektives, Relatives und Fließendes betrachtet. Vergangenheit, Gegenwart und Zukunft wird eine relative Bedeutung beigemessen. Alle drei Zeithorizonte werden als wichtig und stark ineinander übergreifend eingestuft. Gegenwart, Vergangenheit und Zukunft sind miteinander verbunden. Eins kann nicht ohne das andere existieren.

Plannerer

Themenbereich 8: Subjektive Regelinterpretation

Beispiel 24: Diebstahl

Situation

Frau Holtorf arbeitet als Managerin für ein deutsches Pharmaunternehmen in Kuala Lumpur. Sie lebt seit einem Jahr in Malaysia. Bei einem Stadtbummel mit einer deutschen Freundin wird ihr in der Innenstadt von Kuala Lumpur die Handtasche gestohlen. Die beiden Frauen fahren gemeinsam zur nächsten Polizeistation, um den Diebstahl anzuzeigen. Dort werden sie von Polizeibeamten sehr freundlich empfangen. Es wird Frau Holtorf allerdings gleich gesagt, dass diese Dienststelle für den Fall nicht zuständig sei. Als sie fragt, an wen sie sich wenden solle, wird sie von den Beamten zu einer anderen Polizeistation in der Nähe verwiesen. Bei dieser Polizeistation angekommen, wird Frau Holtorf erneut mitgeteilt, dass diese Stelle für die Anzeige des Diebstahls nicht zuständig sei. Frau Holtorf ist sehr verärgert und fragt sich, warum sich die Polizei nicht um ihre Angelegenheit kümmert.

Können Sie Frau Holtorf das Verhalten der Beamten erklären?

- Lesen Sie nun die Antwortalternativen nacheinander durch.
- Bestimmen Sie den Erklärungswert jeder Antwortalternative für die gegebene Situation und kreuzen Sie ihn auf der darunter befindlichen Skala an. Es ist möglich, dass mehrere Antwortalternativen den gleichen Erklärungswert besitzen.

Deutungen

a) Die Polizeibeamten engagieren sich nicht besonders bezüglich des Vorfalls von Frau Holtorf, da die Aufklärungsquote für Handtaschenraub in Malaysia sehr gering ist. Sie sehen von daher keinen Sinn darin, den Fall von Frau Holtorf überhaupt zu bearbeiten. Weil die Beamten ihr das nicht so direkt sagen können, schicken sie Frau Holtorf zur nächsten Polizeistation.

sehr zutreffend	eher zutreffend	eher nicht zutreffend	nicht zutreffend

b) Die Polizei in Malaysia ist bemüht, besonders korrekt im Umgang mit Ausländern zu handeln. Die Polizeibeamten haben Angst, gegenüber einer Ausländerin einen Fehler zu begehen. Daher verweisen sie Frau Holtorf an die nächste Polizeistation.

sehr zutreffend	eher zutreffend	eher nicht zutreffend	nicht zutreffend

c) Frau Holtorf spricht sehr schnell auf Englisch, weil sie über den Vorfall ein wenig aufgebracht ist. Die meisten malaysischen Beamten verfügen nur über Grundkenntnisse der englischen Sprache, so dass sie Frau Holtorf nicht richtig verstehen und sie daher weiterleiten.

sehr zutreffend	eher zutreffend	eher nicht zutreffend	nicht zutreffend

d) Europäer werden in Malaysia grundsätzlich als wohlhabend eingeschätzt. Die Polizeibeamten denken daher auch, dass Frau Holtorf vermögend ist und für sie der Verlust ihrer Handtasche keine große Bedeutung hat. Daher sehen sie sich nicht veranlasst, die Anzeige aufzunehmen und leiten sie weiter.

sehr zutreffend	eher zutreffend	eher nicht zutreffend	nicht zutreffend

- Versuchen Sie, Ihre Einstufung jeder Antwortalternative zu begründen. Halten Sie die Begründung in schriftlicher Form stichpunktartig fest.
- Lesen Sie nun die Erläuterungen zu jeder Antwortalternative durch und vergleichen Sie diese mit Ihren eigenen Begründungen.

■ Bedeutungen

Erläuterung zu a):
Handtaschenraub stellt in Malaysia ein Bagatelldelikt dar. Die Polizeibeamten, die offiziell alle Delikte bearbeiten müssen, haben diesbezüglich ihre eigenen Regeln aufgestellt. Sie finden diese Arbeit uneffektiv und sind nicht motiviert, sich für einen solchen Fall einzusetzen. Die Antwort erklärt die Situation zu einem großen Teil.

Erläuterung zu b):
Es ist zutreffend, dass Weiße in Malaysia ein hohes Ansehen genießen. Auch die Polizei ist bemüht, Ausländern gegenüber besonders korrekt zu handeln. Daher könnte es sein, dass die Polizeibeamten vor allem bei einer Ausländerin Angst haben, einen Fehler zu machen. Allerdings dürfte es sich bei der Aufnahme eines Handtaschenraubs nicht um eine besonders schwierige Aufgabe für einen Polizeibeamten handeln und eher zu den Routineaufgaben zählen. Daher kann die Antwort nur einen kleinen Teil der Situation erklären.

Erläuterung zu c):
Neben der einheimischen Sprache, Bahasa Malaysia, ist die englische Sprache in Malaysia sehr verbreitet. Es kann allerdings sein, dass die Englischkenntnisse der behördlichen Mitarbeiter weniger gut sind als die Englischkenntnisse der Malaysier, die in der Wirtschaft arbeiten. Da es sich bei einem Handtaschenraub allerdings um einen gängigen Vorfall handelt, sollten sie das Vokabular diesbezüglich kennen und Frau Holtorf verstehen. Daher erklärt die Antwort die Situation nicht.

Erläuterung zu d):
Es ist zutreffend, dass in Malaysia die Meinung vorherrscht, dass Europäer größtenteils wohlhabend sind. Es kann daher sein, dass Polizeibeamte dies auch von Frau Holtorf annehmen und sich deshalb nicht besonders engagieren wollen. Sie halten sich nicht an die Arbeitsanweisungen. Diese Antwort erklärt zusammen mit Antwort a) und b) die Situation vollständig.

Lösungsstrategie

Frau Holtorf sollte wissen, dass ein Handtaschenraub in Malaysia sehr häufig passiert und die Aufklärungsquote nicht besonders hoch ist. Es kommt oft vor, dass sich die Diebe auf einem Moped nähern und versuchen, die Tasche zu entreißen. Es ist zu empfehlen, die Handtasche eng am Körper zu tragen und stets mit größter Sorgfalt auf sie zu achten.

Außerdem gibt es in Malaysia in acht größeren Städten eine Touristenpolizei, die extra für die Anliegen von Ausländern eingerichtet wurde. Diese Polizeibeamten dürften daher auch besser Englisch sprechen und keine Scheu im Umgang mit Ausländern haben. Daher wäre es bestimmt ratsam, wenn sich Frau Holtorf in Zukunft an die Touristenpolizei wenden würde.

Wenn keine Touristenpolizei in der Nähe ist, wäre es ratsam, wenn Frau Holtorf mit einer oder einem einheimischen Bekannten zur ortsansässigen Polizei ginge, so dass das Anliegen mit Nachdruck und in der einheimischen Sprache Bahasa Malaysia vorgebracht werden kann.

Beispiel 25: Freies Taxi

Situation

Herr Hartmut arbeitet als Abteilungsleiter bei einem deutschen Unternehmen der Elektroindustrie in Kuala Lumpur. Er lebt seit zwei Jahren in Malaysia und wohnt in einem Haus etwas außerhalb der Innenstadt von Kuala Lumpur. Nach einem Geschäftsessen am Abend möchte Herr Hartmut mit dem Taxi nach Hause gefahren werden. Er winkt ein freies Taxi heran. Er sagt dem Taxifahrer seine Adresse. Dieser weigert sich jedoch, dort hinzufahren, nennt ihm dafür aber keinen Grund. Das passiert Herrn Hartmut an diesem Abend noch mit drei weiteren Taxifahrern, obwohl sie vorher durch ihr Licht ihre Verfügbarkeit signalisiert haben. Herr Hartmut ärgert sich über dieses Verhalten und fragt sich, warum die Taxifahrer ihre Arbeit verweigern und ihn nicht zu seinem Haus bringen wollen.

Warum verhalten sich die Taxifahrer so?

- Lesen Sie nun die Antwortalternativen nacheinander durch.
- Bestimmen Sie den Erklärungswert jeder Antwortalternative für die gegebene Situation und kreuzen Sie ihn auf der darunter befindlichen Skala an. Es ist möglich, dass mehrere Antwortalternativen den gleichen Erklärungswert besitzen.

Deutungen

a) Herr Hartmut ist in ein relativ neues Wohngebiet gezogen, wo sich viele Auswanderer niedergelassen haben. Da der Taxifahrer diese Adresse noch nicht kennt und dies nicht zugeben kann, um sein Ansehen nicht zu verlieren, lehnt er die Fahrt lieber ganz ab.

sehr zutreffend	eher zutreffend	eher nicht zutreffend	nicht zutreffend

b) Die Adresse ist außerhalb des Stadtzentrums von Kuala Lumpur. Da sich für den Rückweg höchstwahrscheinlich keine neuen Gäste finden, wird das Taxi leer bleiben. Da dem Taxifahrer dadurch die gesamte Taxifahrt zu unrentabel ist, lehnt er die Fahrt ab.

sehr zutreffend	eher zutreffend	eher nicht zutreffend	nicht zutreffend

c) Die meisten Taxifahrer in Malaysia mieten sich für ihr Taxigeschäft ein Auto, das sie abends zwischen 21 und 23 Uhr zurückbringen müssen. In dieser Zeit nehmen sie nur noch relativ kurze Fahrstrecken an, um bei verspäteter Rückgabe keinen Aufschlag zahlen zu müssen.

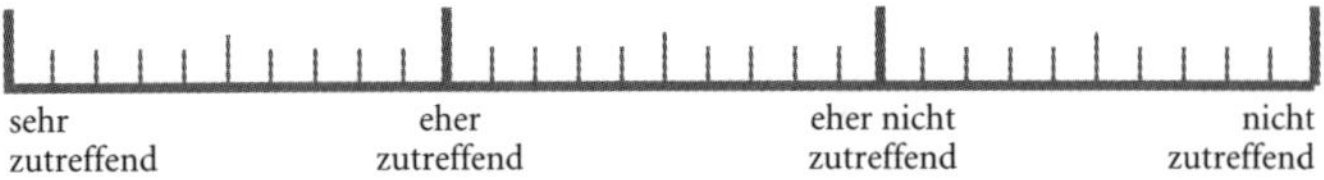

d) Es gibt drei verschiedene Taxiunternehmen in Kuala Lumpur, die sich die verschiedenen Stadtteile untereinander aufgeteilt haben und dies auch an verschiedenen Taxiständen kenntlich machen. Herr Hartmut ist nicht an den entsprechenden Taxistand gelaufen und hat zufällig nur Taxis angehalten, die nicht in sein Wohngebiet fahren.

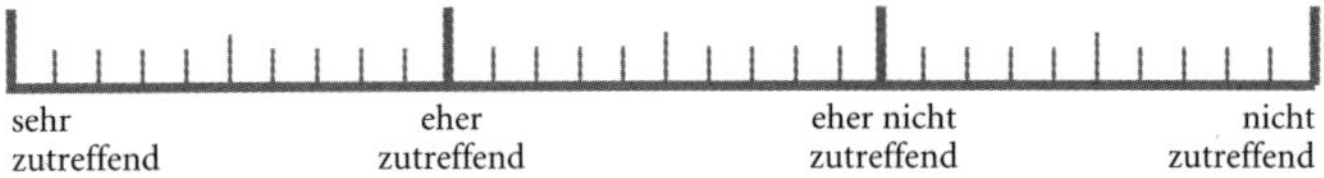

- Versuchen Sie, Ihre Einstufung jeder Antwortalternative zu begründen. Halten Sie die Begründung in schriftlicher Form stichpunktartig fest.
- Lesen Sie nun die Erläuterungen zu jeder Antwortalternative durch und vergleichen Sie diese mit Ihren eigenen Begründungen.

■ Bedeutungen

Erläuterung zu a):
Es ist zutreffend, dass im Großraum von Kuala Lumpur stetig gebaut wird und neue Wohnkomplexe, so genannte »Kondominiums« entstehen. Allerdings ist es ungewöhnlich, dass der Taxifahrer die Adresse nicht kennen soll. Daher ist die Antwort nicht zutreffend.

Erläuterung zu b):
In Malaysia gibt es offiziell keine Beförderungspflicht bei Taxis. Da Taxifahrer generell wenig verdienen, achten sie darauf, möglichst lukrative Fahrten anzunehmen. Herrn Hartmut zu befördern würde höchstwahrscheinlich bedeuten, dass er auf dem Rückweg keinen Fahrgast finden würde. Er ignoriert somit die

allgemeinen Regeln und wählt seine Fahrten nach seinem persönlichen »Geschäftssinn« aus. Diese Antwort erklärt die Situation vollständig.

Erläuterung zu c):
Es ist in Einzelfällen zutreffend, dass Taxifahrer mit einem gemieteten Auto fahren. Allerdings ist es unwahrscheinlich, dass alle Taxis zur gleichen Zeit zurückgebracht werden müssen. Daher trifft die Antwort nicht zu.

Erläuterung zu d):
Es ist im Straßenverkehr von Kuala Lumpur erkenntlich, dass es unterschiedliche Taxiunternehmen gibt. Allerdings ist das Geschäftsgebiet nicht unter den Taxiunternehmen aufgeteilt, so dass die Antwort die Situation nicht erklären kann.

■ Lösungsstrategie

Herr Hartmut sollte grundsätzlich wissen, dass es in Malaysia durchaus schwierig sein kann, ein Taxi zu bekommen. Wenn es zum Beispiel regnet, sind die meisten Taxen sofort besetzt und man muss lange auf ein freies Taxi warten, auch in der Rushhour gegen 18/19 Uhr ist es teilweise fast unmöglich, ein Taxi zu bekommen. Auch Strecken, die etwas außerhalb liegen, werden nicht gern angefahren, da die Rückfahrt ohne Fahrgast zu unrentabel ist. Regelungen wie in Deutschland, nach der Taxifahrer verpflichtet sind, Fahrgäste zu befördern, gibt es in Malaysia nicht. Man ist auf den guten Willen des Taxifahrers angewiesen. Daher sollte Herr Hartmut im Vorfeld ein Taxi bestellen und mit dem Taxifahrer einen Preis aushandeln, damit er auch bereit ist, ihn zu seinem etwas außerhalb gelegenen Haus zu fahren. Wenn Herr Hartmut regelmäßig mit dem Taxi dieselbe Strecke fahren möchte, bestünde auch die Möglichkeit, mit einem Taxifahrer eine regelmäßige Abholung zu vereinbaren. Eine andere Möglichkeit könnte für Herrn Hartmut auch darin bestehen, die öffentlichen Verkehrsmittel zu benutzen. Es gibt ein gut ausgebautes Busnetz und ein »Light Rail Transit System«, über das zahlreiche Stadtteile und Vororte Kuala Lumpurs schnell und ebenfalls sehr günstig erreichbar sind.

Beispiel 26: Vorgaben

Situation

Herr Feicht lebt seit einem Jahr in Malaysia. Er ist Marketingleiter eines deutschen Automobilunternehmens in Kuala Lumpur. Er bittet seinen malaiischen Angestellten, Herrn Ahmed, für ihn ein Angebot einzuholen. Er möchte eine Werbeanzeige in einer lokalen Tageszeitung platzieren. Herr Ahmed soll diese Möglichkeit für ihn prüfen und die Kosten für die Anzeige erfragen. Nach dieser Anweisung vergehen fünf Tage. Herr Feicht möchte nun die Anzeige schalten und fragt Herrn Ahmed nach den Möglichkeiten. Herr Feicht ist sehr überrascht, als Herr Ahmed antwortet: »Ich bin noch nicht dazu gekommen. Sie haben ja auch nicht gesagt, bis wann Sie es haben wollen.«

Wie können Sie das Verhalten von Herrn Ahmed erklären?

- Lesen Sie nun die Antwortalternativen nacheinander durch.
- Bestimmen Sie den Erklärungswert jeder Antwortalternative für die gegebene Situation und kreuzen Sie ihn auf der darunter befindlichen Skala an. Es ist möglich, dass mehrere Antwortalternativen den gleichen Erklärungswert besitzen.

Deutungen

a) Herr Ahmed erwartet genaue Anweisungen von seinem Chef. Da er keinen genauen Termin zur Erledigung seiner Aufgabe genannt bekommen hat, dachte er, das die Aufgabe nicht so wichtig sei und hat sie daher nicht bearbeitet.

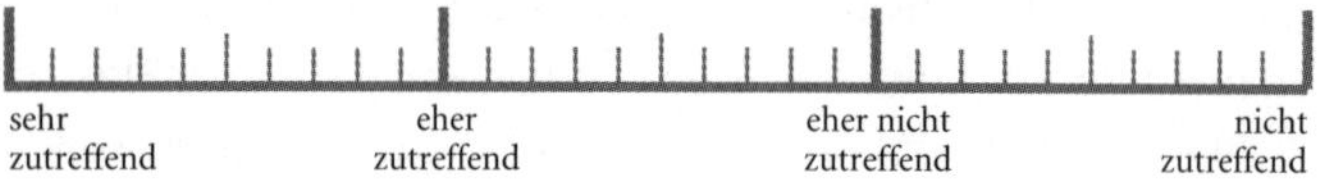

b) Malaysier sind sehr flexibel und arbeiten an mehreren Projekten gleichzeitig. Da ihm eine andere Aufgabe dazwischen gekommen ist, ist er zu der Aufgabe seines Chefs noch nicht gekommen.

sehr zutreffend	eher zutreffend	eher nicht zutreffend	nicht zutreffend

c) Malaien werden in Malaysia durch die Politik in manchen Bereichen bevorteilt, so dass sie keine Angst haben müssen, ihren Arbeitsplatz zu verlieren, sich vom Chef nicht unter Druck setzten lassen und gern nach ihren eigenen Regeln arbeiten. Herr Ahmed hat die Aufgabe des Chefs für sich so interpretiert, dass er sich damit Zeit lassen könne.

sehr zutreffend	eher zutreffend	eher nicht zutreffend	nicht zutreffend

d) Beim Einholen von Angeboten ist es im Geschäftsleben Malaysias wichtig, erst einmal eine Beziehung zu dem möglichen Geschäftspartner aufzubauen. Dies kann mehrere Treffen in Anspruch nehmen, so dass Herr Ahmed dies unmöglich in fünf Tagen schaffen konnte.

sehr zutreffend	eher zutreffend	eher nicht zutreffend	nicht zutreffend

– Versuchen Sie, Ihre Einstufung jeder Antwortalternative zu begründen. Halten Sie die Begründung in schriftlicher Form stichpunktartig fest.
– Lesen Sie nun die Erläuterungen zu jeder Antwortalternative durch und vergleichen Sie diese mit Ihren eigenen Begründungen.

Bedeutungen

Erläuterung zu a):
Es ist zutreffend, dass es malaysische Mitarbeiter gewöhnt sind, zur Aufgabenerledigung konkrete Anweisungen zu bekommen. Der Zeitpunkt der Aufgabenerledigung ist dabei ein wichtiger Aspekt. Da Herr Feicht diesen nicht genannt hat, interpretiert Herr

Ahmed die Aufgabe als weniger wichtig. Die Antwort erklärt somit einen Teil der Situation.

Erläuterung zu b):
In Malaysia ist es üblich, an mehreren Aufgaben gleichzeitig zu arbeiten. Es kann durchaus sein, dass eine andere Aufgabe für Herrn Ahmed dazwischen gekommen ist. Da er überdies von seinem Chef nicht gesagt bekommen hat, bis wann er die Aufgabe zu erledigen hat, erschien ihm die andere Aufgabe wichtiger. Da er für Herrn Feicht arbeitet, ist es jedoch unwahrscheinlich, dass er eine andere wichtige Aufgabe erhalten hat. Daher erklärt die Antwort die Situation nicht.

Erläuterung zu c):
Es ist zutreffend, dass Malaien in der malaysischen Gesellschaft durch bestimmte Gesetze privilegiert sind. Dies zeigt sich zum Beispiel darin, dass in den meisten Unternehmen eine gewisse Quote von Malaien eingestellt werden muss. So genießen sie eine gewisse Arbeitsplatzsicherheit, die sich teilweise auch in der eigenen Auslegung von Arbeitsaufträgen widerspiegelt. Sie arbeiten zum Beispiel gern in ihrem eigenen Tempo. Die Antwort erklärt die Situation daher größtenteils.

Erläuterung zu d):
Es ist zutreffend, dass bei größeren Geschäften der Beziehungsaufbau zum Geschäftspartner unerlässlich ist – allerdings nicht beim Einholen von Informationen, so wie dies in der Situation der Fall war. Daher erklärt die Antwort die Situation nicht.

■ Lösungsstrategie

Herr Feicht sollte wissen, dass er im Gegensatz zu Deutschland bei Arbeitsaufträgen konkrete Anweisungen mit einer zeitlichen Angabe versehen muss. Andernfalls könnte es sein, dass seine Mitarbeiter sie nicht in seinem Sinne – das heißt zu spät – ausführen, sich eigene Regeln dafür aufstellen oder die Aufgabe unter Umständen gar nicht erledigen. Fehlt die zeitliche Angabe völlig, nehmen die Mitarbeiter die Aufgabe weniger ernst und sie wird auf die lange Bank geschoben. Wenn Herr Feicht sicher sein will, dass die Aufgabe rechtzeitig erledigt wird, sollte er seinen Mitarbeiter zudem ab und zu höflich an die Ausführung der Anweisung erinnern und nachfragen, ob er mit der Aufgabe zurecht kommt oder Hilfe benötige. Deutsche Mitarbeiter würden solch eine Behandlung vielleicht als mangelndes Vertrauen in ihre Kompetenz verstehen, Malaysier hingegen mögen solch detaillierte Vorgaben und sind dankbar dafür.

■ Kulturelle Verankerung von »Subjektive Regelinterpretation«

In Malaysia haben persönliche Verpflichtungen einen hohen Stellenwert. Das Handeln der Malaysier orientiert sich eher an persönlichen Beziehungen als an formalen Verträgen und Regelwerken (vgl. Beziehungsorientierung).

So ist es nicht verwunderlich, dass in Malaysia das Bedürfnis nach einer gewissen Vorhersehbarkeit von Abläufen und das Bedürfnis nach geschriebenen oder ungeschriebenen Regeln eher gering ist. Je beziehungsorientierter eine Kultur ist, desto mehr tritt an die Stelle formaler Verträge und Regeln ein verzweigtes Netz persönlicher Verpflichtungen und gegenseitiger Kontrolle. Ein solches System kann mindestens so effizient sein wie Gesetze und Verträge. Denn Sanktionen folgen unmittelbar auf ein Fehlverhalten und können den Betreffenden empfindlich treffen – so zum Beispiel etwa durch die Isolation durch den Geschäftspartner.

Das eher beziehungsorientierte Verhalten in Malaysia führt dazu, dass das Abweichen von der Norm oder Regel nicht unüblich ist und dieses Verhalten auch von anderen hingenommen wird. Eine klare und zuverlässige Orientierung für alle Beteiligten ist nicht nötig, Situationen müssen nicht von vornherein durch Regeln strikt kontrolliert und Risiken nicht minimiert werden. Ein Netz persönlicher Beziehungen und Verpflichtungen sorgt für die eventuell notwendig werdende Ausschaltung von Störungen und Fehlerquellen. Ein prophylaktisches Eingreifen in Form von spezifischen Vorschriften und Verordnungen wird nicht als nötig angesehen. Ein beziehungsorientiertes System ist in den Augen von Malaysiern dem formalen Regelsystem überlegen. Es gibt ihnen über Verpflichtungen hinaus auch ein Gefühl von Geborgenheit und Sinnhaftigkeit. Des Weiteren lässt es Spielräume für besondere Situationen offen, die es innerhalb eines abstrakten Regelwerkes so nicht gäbe.

Im Gegensatz dazu sind die Deutschen eher sachorientiert. Sie sind zielstrebig, weisen daher sozialen Faktoren bei der Erreichung ihrer Ziele eine untergeordnete Rolle zu. Für den reibungslosen Ablauf verschiedenster Angelegenheiten gibt es in Deutschland unzählige Regeln, Vorschriften, Verordnungen und Gesetze. Ihre Vielzahl und starre Auslegung, ihre strikte Einhaltung und rigide Zurechtweisung oder Bestrafung bei Verstößen sind im Vergleich zu anderen Kulturen das Besondere. In Deutschland gibt es implizite Regeln (wie z. B. die Forderung nach Pünktlichkeit), auf einen bestimmten Wirkkreis beschränkte Vorschriften (z. B. Haus- oder Benutzungsordnungen), Verordnungen, die das öffentliche Leben regeln (von der Müllentsorgung bis zur Straßenverkehrsordnung), Normen im beruflichen Leben sowie Klassifizierungen und Systematisierungen im geistigen Bereich. Deutsche lieben solche Strukturen.

In Malaysia gibt es ebenfalls Regeln, die das Zusammenleben organisieren. Doch ist ihr Ausmaß eher gering und die Befolgung wird nicht streng genommen. So kann es schon einmal vorkommen, dass ein Taxifahrer nicht bereit ist, einen Fahrgast zu befördern. Das Taxi ist zwar eigentlich frei, aber die Fahrt vielleicht nicht profitabel genug. Auch werden manche Delikte von Polizeibeamten manchmal nur ungern aufgenommen, weil sie als Bagatelle empfunden werden oder eine Aufklärung des Falles sowieso eher unwahrscheinlich erscheint.

Auch Arbeitsanweisungen können auf die lange Bank geschoben werden, wenn sie nicht als dringend vorgebracht werden und damit nicht so wichtig erscheinen. An solchen Beispielen kann sich die subjektive Regelinterpretation der Malaysier zeigen.

Kurze Zusammenfassung der Kulturstandards

Ethnotraditionelle Alltagsorientierung

Malaysia ist eine ethnisch heterogene Nation. Die drei Hauptethnien in Malaysia sind Malaien, Malaysier chinesischer sowie Malaysier indischer Herkunft. Jede Ethnie hat ihre spezifischen Religionen und eine Fülle von Traditionen, Sitten und Bräuchen, die sowohl das Alltagsleben als auch das Berufsleben in unterschiedlicher Form prägen und handlungsleitend sind. Für die Zusammenarbeit mit den ethnischen Gruppen ist die Bedeutung der entsprechenden Etikette beziehungsweise die konkrete Glaubensausübung zu beachten.

Hierarchieorientierung

In Malaysia ist die Ansicht verbreitet, dass Rangunterschiede zwischen den Menschen naturgegeben sind. Eine hierarchische Ordnung wird von Malaysiern nicht als störend empfunden, sondern sogar als zwingend notwendig. Dementsprechend stark ist die malaysische Gesellschaft von vertikalen Beziehungsmustern geprägt. Je nach Geschlecht und Alter haben Personen eine unterschiedliche Position in der Hierarchie. Die Einhaltung der Rangordnung erhält die Stabilität und Harmonie in der Gesellschaft, ihre Missachtung hingegen kann dazu führen, dass Personen ihr Ansehen verlieren.

Das Gesicht wahren

In Malaysia bedeutet »Gesicht« zu haben soziales Ansehen, Würde und Prestige. Damit die Harmonie zwischen Malaysiern gewahrt bleibt, ist es unerlässlich, das Gesicht zu wahren. Eine Person, die beschämt wurde, verliert ihr Gesicht. Um einen Gesichtsverlust bei sich selbst oder anderen zu vermeiden, existieren in Malaysia viele implizite Regeln, die das angemessene Verhalten für bestimmte Situationen beschreiben (Etikette). Durch die Einhaltung der Etikette kann man sich in der Gesellschaft frei bewegen, ohne Angst haben zu müssen, jemanden durch unangemessenes Verhalten zu beschämen.

Indirektheit

In Malaysia ist es verbreitet, sich zurückhaltend zu verhalten. Selbstbeherrschtes und gelassenes Auftreten wird in Malaysia bewundert und eröffnet zudem Möglichkeiten, das Gesicht zu wahren. Kommunikation in Malaysia ist personenorientiert, sie dient zu einem erheblichen Teil dazu, Beziehungen zu pflegen. Unangenehme Wahrheiten wie zum Beispiel Kritik, Ablehnung oder Forderungen könnten eine Beziehung aus dem Gleichgewicht bringen und die Harmonie stören. Deshalb werden solche Inhalte in Malaysia indirekt und sehr taktvoll kommuniziert. Die Kommunikation folgt über vorsichtiges Herantasten und Vorwegnehmen dem »Pingpongprinzip«. Auf diese Weise können Botschaften übertragen werden, ohne jedoch direkt ausgesprochen werden zu müssen.

Beziehungsorientierung (Antara kaum)

»Antara kaum« kommt aus der malaysischen Sprache. Übersetzen kann man es mit dem Wort »zwischenmenschlich«, wobei dieser Begriff auf persönlicher und ethnischer Ebene greift. In Malaysia wird großer Wert auf harmonische zwischenmenschliche Beziehungen gelegt. Malaysier gehen davon aus, dass harmonische Beziehungen nur auf der Grundlage von Respekt und

Toleranz zwischen den Ethnien aufgebaut werden können und dann ein gutes Zusammenleben beziehungsweise eine Zusammenarbeit möglich wird. In einer beziehungsorientierten Gesellschaft wie in Malaysia stehen bei der Planung und Abwicklung von Aufgaben die involvierten Personen im Vordergrund. Sympathien, Antipathien und Beziehungsnetze spielen eine entscheidende Rolle.

■ Familienorientierung

Malaysier beziehen ihre Anerkennung und gesellschaftliche Stellung zu einem hohen Grad aus der Zugehörigkeit zu ihren Familien. Die Familie hat für Malaysier jeglicher ethnischer Herkunft daher eine herausragende Bedeutung. Es gibt einen Slogan der Regierung, der übersetzt »Meine Familie ist mein Paradies« lautet. Malaysier sind sehr kinderlieb und ihre Familien kinderreich. Die starke Familienorientierung der Malaysier leitet sich aus dem Islam und Konfuzianismus ab. Das weltbildliche Zentrum ist die Familie, nicht das Individuum.

■ Polychrones Zeitverständnis

In Malaysia existiert ein polychrones Zeitverständnis. Zeit ist für die meisten Malaysier daher etwas Subjektives und Relatives. Das führt dazu, dass sie sich mehr Zeit für die Erledigung von Arbeiten nehmen und generell mehrere Dinge zur gleichen Zeit erledigen. Zeitliche Vereinbarungen genau einzuhalten wird nicht so wichtig genommen. Das polychrone Zeitempfinden zielt ganz darauf ab, auf sich bietende Chancen schnell und flexibel reagieren zu können. Pünktlichkeit und die Einhaltung von Terminen haben in Malaysia keinen hohen Stellenwert. Verspätungen sind kein Grund für Kritik oder gar Streit. Verspätet zu Terminen zu erscheinen, wird im malaysischen Kontext weder vom Wartenden noch vom Verspäteten als Zeitverlust empfunden.

Subjektive Regelinterpretation

In Malaysia haben persönliche Verpflichtungen einen hohen Stellenwert. Das Handeln der Malaysier orientiert sich daher eher an persönlichen Beziehungen als an formalen Verträgen und Regelwerken. Deshalb ist in Malaysia das Bedürfnis nach einer gewissen Vorhersehbarkeit von Abläufen und das Bedürfnis nach geschriebenen oder ungeschriebenen Regeln gering ausgeprägt. Je beziehungsorientierter eine Kultur ist, desto mehr tritt an die Stelle formaler Verträge und Regeln ein verzweigtes Netz persönlicher Verpflichtungen und gegenseitiger Kontrolle. Das führt dazu, dass es in Malaysia nicht unüblich ist, von der Norm beziehungsweise Regel abzuweichen. Ein Netz persönlicher Beziehungen und Verpflichtungen sorgt für die eventuell notwendig werdende Ausschaltung von Störungen und Fehlerquellen.

■ Zusammenhang der Kulturstandards

Vielleicht haben Sie bei der Bearbeitung der Fallbeispiele manchmal gedacht, dass mehr als ein Kulturstandard in einer Situation wirkt. Dies ist durchaus möglich, da die Situationen meist sehr komplex sind und es nicht nur eine Erklärung für das Verhalten der malaysischen Kommunikationspartner gibt. Die Situationen wurden deshalb immer dem Kulturstandard zugeordnet, der in der jeweiligen Situation am stärksten wirksam war. Die Anordnung der Trainingseinheiten erfolgte hauptsächlich auf Grund der Zusammenhangsstruktur der acht Kulturstandards:

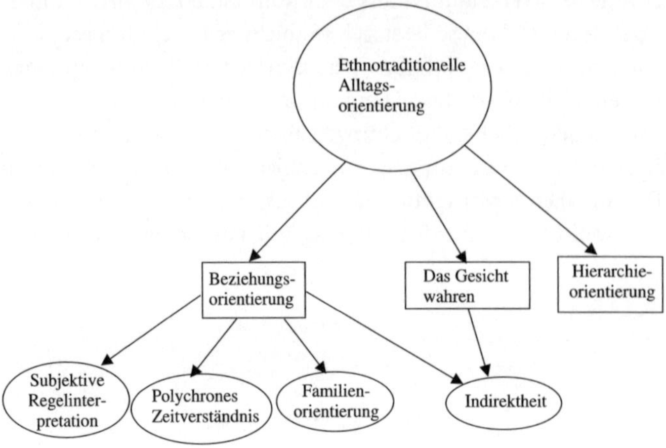

Die »Ethnotraditionelle Alltagsorientierung« bildet den übergeordneten Kulturstandard für »Hierarchieorientierung«, »Das Gesicht wahren« und »Antara kaum«, da beziehungsorientiertes Verhalten, die Praxis des Gesicht-Wahrens und die Ausrichtung auf Hierarchie Verhaltensorientierungen sind, die in Malaysia von Generation zu Generation über Traditionen, Sitten und Gebräuche vermittelt werden und den Alltag bestimmen. Diese drei Kulturstandards bilden die zweite Ebene in der Zusammenhangsstruktur. Der Kulturstandard »Indirektheit« ist dem Kulturstandard »Das Gesicht wahren« untergeordnet, da indirektes Verhalten die Möglichkeit bietet, das Gesicht zu wahren. Zudem hilft indirektes Verhalten, das Gleichgewicht von Beziehungen zu schützen. Deshalb ist »Indirektheit« der »Beziehungsorientierung (Antara kaum)« untergeordnet. Diesem Kulturstandard sind außerdem »Subjektive Regelinterpretation«, »Polychrones Zeitverständnis« und »Familienorientierung« untergeordnet. Die zentrale Bedeutung von engen, emotionalen zwischenmenschlichen Beziehungen führt zu einem polychronen Zeitverständnis. Die pünktliche Erfüllung von Terminen ist persönlichen, zwischenmenschlichen Beziehungen untergeordnet. Um Beziehungsnetze pflegen und schützen zu können, muss man zeitlich flexibel bleiben. Langes Planen von Handlungsabläufen kann dies behindern. Somit resultiert der Kulturstandard »Polychrones Zeitverständnis« aus dem Kulturstandard »Beziehungsorientierung«. Ebenso lässt sich »Subjektive Regelinterpretation« ableiten. In Malaysia haben persönliche Verpflichtungen einen hohen Stellenwert. Das Handeln der Malaysier orientiert sich eher an persönlichen Beziehungen als an formalen Verträgen und Regelwerken. So kommt es zur subjektiven Interpretation von Regeln. »Familienorientierung« ist »Antara kaum« untergeordnet, weil es hier um den Umgang mit familiären Beziehungen geht.

Ratschläge zum Leben und Arbeiten in Malaysia

Im Folgenden finden Sie einige allgemeine Ratschläge zum Umgang mit Malaysiern und Tipps, wie Sie den Arbeitsalltag in Malaysia meistern können. Die Hinweise sind mit Zitaten von deutschen Entsandten in Malaysia illustriert. Sie sollten die Hinweise und Ratschläge auch nur als solche betrachten und nicht als »feste Regeln«, da es große Unterschiede im Verhalten von Malaysiern gibt. Ihre größte Herausforderung wird darin bestehen wird, Geduld und Einfühlungsvermögen gegenüber Ihren malaysischen Mitarbeitern zu zeigen.

»Wenn Sie das mit einer gewissen Einfühlsamkeit und Ruhe machen, kommen Sie hier klasse zurecht! Das heißt, wenn man glaubt, dass man hier etwas durchboxen kann, dann werden Sie merken, dass man damit die Leute vergrault.«

Privater Alltag

Klima

In Malaysia herrscht tropisches Klima. Die Temperaturen betragen das ganze Jahr um die 30°C und die Luftfeuchtigkeit ist sehr hoch, sie liegt zwischen 80 % und 90 %. Im Gegensatz zu den hohen Außentemperaturen, die jegliche körperliche Ertüchtigung im Freien erschweren, werden die Temperaturen in fast allen öffentlichen Gebäuden mit Hilfe von Klimaanlagen auf ungefähr 22°C herabgekühlt. Auf diese großen Temperaturunterschiede sollte man vorbereitet sein, um Erkältungskrankheiten vorzubeugen.

Kleidung

Der verbreitete Gebrauch von Klimaanlagen macht es nötig, stets auch Kleidung für kühlere Temperaturen dabei zu haben. Zudem ist Malaysia ein muslimisches Land, in dem ein Großteil der weiblichen Bevölkerung ein Kopftuch trägt und in lange Gewänder gehüllt ist. Deshalb ist es ein Zeichen von Höflichkeit, wenn ausländische Frauen in Malaysia auf knappe Outfits verzichten, Schultern und Knie sollten möglichst bedeckt werden.

Islam

Die Staatsreligion in Malaysia ist der Islam. Die Bevölkerungsgruppe der Malaien ist islamisch. Während in den Großstädten Malaysias die Bevölkerung mitunter sehr modern und weltoffen ist und nicht alle Muslima Kopftuch tragen, ist es auf dem Land anders. Im Gegensatz zur Stadt sind Malaien auf dem Land sehr traditionsbewusst und meist streng gläubig.

Lärm

Anders als man das in Asien erwarten würde, ist der Geräuschpegel in Malaysias Städten ungleich höher als in Deutschland. Es gibt mehr Autos und auf den Straßen herrscht oft Chaos. Auch scheinen die Malaysier nicht gern ohne Unterhaltung zu sein. In den meisten Restaurants, Internetcafés und Verkehrsmitteln läuft lautstark der Fernsehapparat oder Musik.

Essen gehen

In Malaysia ist es üblich, außer Haus Essen zu gehen. Es gibt unzählige, preiswerte Restaurants. Man kann zwischen indischem, chinesischem und malaiischem Essen wählen. Neben Restaurants gibt es auch eine Vielzahl von Hawker-Foodstalls, das sind transportable Essstände an Straßen, wo man gut und günstig essen kann.

Das Gesicht wahren

Auch wenn Sie im Recht sind, sollten Sie eine Belehrung Ihres Gegenüber vermeiden, um sein Gesicht zu wahren. Versuchen Sie außerdem Kritik eher indirekt statt laut und aggressiv zu äußern.

»Dinge, die unangenehm sind, werden nicht erwähnt, werden bis zum letzten Tag zurückgehalten.«

»Wenn man Ärger ausdrücken möchte, muss man sehr vorsichtig sein. Ich hab das Gefühl, die Leute distanzieren sich sonst sehr schnell.«

»Kritiküben ist hier nicht so lustig. Das muss man hier ganz vorsichtig anbringen.«

»Wenn Sie nach dem Weg fragen, würde niemand zugeben, dass er es nicht weiß. Wenn Sie lange genug mit ihm sprechen, wird er Sie einfach in eine Richtung schicken.«

Beruflicher Alltag

Sprache

Die offizielle Amtssprache in Malaysia ist Bahasa Malaysia (Malaiisch), so dass im öffentlichen Sektor vornehmlich Malaiisch verwendet wird. Englisch ist jedoch die Handelssprache und daher sehr verbreitet. Zusätzlich dient Englisch auch zur Verständigung unter den verschiedenen ethnischen Bevölkerungsgruppen. Besonders in größeren Städten ist es kein Problem, sich auf Englisch zu verständigen. Es wird von Malaysiern jedoch gern gesehen, wenn der ausländische Gast ein wenig die einheimische Sprache spricht.

»Ich persönlich glaube, dass Malaysia ein Land ist, was es einem besonders leicht macht. Das Entscheidende ist immer noch die Sprache, und die ist hier kein großes Problem.«

Namen

Die Zusammensetzung der Namen ist in Malaysia aufgrund der verschiedenen Ethnien sehr unterschiedlich und sollte beim Ansprechen des Geschäftspartners berücksichtigt werden.

Malaiische Namen folgen der islamischen Regel, bei der der Name des Vaters dem eigenen Personennamen hinzugefügt und kein Familienname verwendet wird: Vorname, gefolgt von bin/binti (Sohn/Tochter) und Vorname des Vaters, zum Beispiel Ali bin Isa. Im modernen Umgang werden bin/binti jedoch oft weggelassen, man könnte den Betreffenden also mit Mr. Ali ansprechen.

Chinesische Namen beginnen mit dem Familiennamen, gefolgt von dem Generationennamen und dem Vornamen. So wird zum Beispiel Tan Kok Weng mit Mr. Tan angesprochen. Darüber hinaus haben viele Chinesen westliche Vornamen angenommen, welche dann wie im Deutschen vor den Familiennamen gestellt werden.

Indische Namen folgen meist auch der väterlichen Linie. Sie verwenden wie die Malaien ebenfalls keine Familiennamen, sondern setzten einfach den Anfangsbuchstaben ihres Vaters vor den eigenen Namen, zum Beispiel M. Subramaniam. Diese Person würde somit mit Mr. Subramaniam angesprochen werden.

Insgesamt haben in Malaysia bei allen ethnischen Gruppen Titel und deren Verwendung einen hohen Stellenwert. »Datuk« und »Dato« sind Adelsbezeichnungen und entsprechen dem englischen Sir. »Tan Sri« ist mit einem Grafen vergleichbar und »Tunku« oder »Tuanku« ist für Mitglieder des Königshauses vorgesehen.

»Die Etikette nimmt man hier extrem ernst. Wer sich wann, wie vorstellt. Wer wann, wie, dabei ist. Ich selbst halte mich für einen sehr höflichen Menschen und schaffe es trotzdem nicht, immer alle Regeln richtig zu befolgen.«

Visitenkarten

Da Visitenkarten in Malaysia für Geschäftsverhandlungen unerlässlich sind, ist es wichtig, sich damit ausreichend einzudecken. Die Visitenkarte wird immer mit beiden Händen gehalten und überreicht, da das Überreichen mit nur einer Hand (besonders der linken Hand, da diese mit Unreinheit in Verbindung steht) als unhöflich gilt. Das gilt auch für andere Dokumente oder Gegenstände. Beim Empfang der Visitenkarte wird eine leichte Verbeugung angedeutet und der Name des Geschäftspartners vorgelesen. Im Anschluss ist es wichtig, die Visitenkarte respektvoll zu behandeln. Es empfiehlt sich, ein Visitenkartenetui zu besorgen.

■ Einladungen

Bei einem Geschäftsessen werden geschäftliche Themen erst nach der Bestellung und dem Servieren eines ersten Getränkes angesprochen. Bei einem chinesischen Essen bestellt der Gastgeber, bei anderen Essen bestellt jeder selbst. Wenn Ehefrauen beim Essen anwesend sind, wird meist nicht über geschäftliche Themen gesprochen.

Malaysier sind gastfreundlich, tolerant und offen gegenüber Fremden, erwarten jedoch auch einen gewissen Respekt ihrer Kultur gegenüber. Themen wie Religion, Politik, Sex oder die Kritik an Autoritäten sollten besser ganz vermieden werden. Darüber hinaus ist bei allen Themen Besserwisserei zu vermeiden, da auf Bevormundungen und dergleichen aufgrund der langen Kolonialgeschichte oft sehr sensibel reagiert wird. Da nach einem gemeinsamen Essen oft noch in eine Karaoke-Bar gewechselt wird, ist es empfehlenswert, ein kleines Repertoire an deutschen Liedern zu kennen.

»Die Einstellung zu politischen Institutionen ist in Malaysia ein ganz heikles Thema. Sie können über alles reden, aber nicht über Politik!«

»Hier wird man am Wochenende eingeladen, und dann wird noch einer abgestellt, der einem die Stadt zeigt. Sie lassen hier einfach keine Besucher alleine stehen. Dann muss man schon mal sagen ›Ist gut, ich bin heute Abend ganz gern mal allein‹«.

■ Geschenke

Das Überreichen von Geschenken ist in Malaysia von besonderer Bedeutung, da Geschenke sowohl dem Aufbau als auch dem Erhalt von Beziehungen dienen. Wenn man von einem persönlichen Anlass erfährt, zum Beispiel von einer Hochzeit in der Familie des Geschäftspartners, sollte man die Gelegenheit wahrnehmen, ein Geschenk zu übergeben.

Je nach ethnischer Zugehörigkeit des Gastgebers unterscheiden sich die jeweils angebrachten Geschenke. Chinesen freuen sich bei größeren Anlässen besonders über Geld in gerader Zahl, bei kleineren Anlässen über Obst, Kuchen oder Süßigkeiten. Aufgrund chinesischer Höflichkeitsregeln wird das Geschenk grundsätzlich nicht vor den Augen des Schenkenden geöffnet. Malaien hingegen schenkt man kein Geld, sondern farbenfrohe Batik, Parfüm oder Spielzeug für die Kinder. Tabak oder Alkohol sollten nicht verschenkt werden. Inder nehmen gern Geldgeschenke an, die aus ungeraden Beträgen bestehen, da diese Glück versprechen. Außerdem symbolisieren farbenfrohe Geschenke Fröhlichkeit, so dass die Farben schwarz und weiß vermieden werden sollten. Auch Inder öffnen das Geschenk meist nicht im Beisein des Schenkenden.

■ Verhandlungsführung

Bei malaysischen Verhandlungen ist der Beziehungsaufbau ausschlaggebend. So ist es wichtig, sich vor einer Verhandlung mit der Person des Gegenübers auseinander zu setzen und Genaueres über seine familiären Verhältnisse und seinen ethnischen Hintergrund zu erfahren. Der Beziehungs- und Vertrauensaufbau braucht viel Zeit, sind die Grundsteine aber erst einmal gelegt, dann kommen viele Geschäfte schneller zustande als in Deutschland. Die geschäftlichen Beziehungen müssen natürlich persönlich und regelmäßig gepflegt werden.

In Malaysia kommt es sehr gut an, gemeinsam Essen zu gehen, im gleichen Club Mitglied zu sein oder gemeinsam Golf zu spielen. Zusätzlich ist zu beachten, dass im Geschäftsleben Malaysias immer noch eine gewisse Basar-Mentalität vorherrscht.

»Man kann jemanden nach Malaysia entsenden, der fachlich nicht besonders ausgebildet ist. Er muss es aber persönlich schaffen, mit dem

Gegenüber eine Beziehung aufzubauen. Wenn die Chemie stimmt, dann funktioniert das Geschäft.«

»Ich glaube, dass die Malaysier manchmal gar nicht das Bedürfnis haben, ein Ergebnis herzuleiten, sondern einfach sagen ›So ist es, let's go for it‹. Sie bevorzugen Bauchentscheidungen und ich glaube, sie haben auch manchmal recht damit.«

»Ohne Karaoke können sie keine Geschäfte machen. Jeder fährt da total drauf ab.«

■ Mitarbeiterführung

Bei den meisten malaysischen Mitarbeitern handelt es sich um lernwillige und hoch motivierte Mitarbeiter, die weniger Urlaub nehmen und länger arbeiten als Deutsche. Sie achten den Status des Vorgesetzten, was das Führen auf der einen Seite erleichtert. Auf der anderen Seite liegt die komplette Verantwortung beim Chef, da eigenverantwortliches Arbeiten noch ungewohnt ist. Malaysische Mitarbeiter benötigen meist genaue Anweisungen. Zusätzlich muss der Vorgesetzte sicherstellen, dass seine Mitarbeiter ihn auch wirklich verstanden haben. Der Chef muss für seine Mitarbeiter ständig ein offenes Ohr haben, die Mitarbeiter werden ihn wesentlich öfter aufsuchen, als dies in Deutschland der Fall ist. Er wird auch in private Angelegenheiten der Mitarbeiter mit einbezogen, so dass es vorkommen kann, dass er auf die Hochzeit des Sohnes eines Mitarbeiters eingeladen wird. Insgesamt sind die Führungsaufgaben in Malaysia umfangreicher als in Deutschland, so dass mehr Zeit dafür eingeplant werden sollte.

Eine besondere Herausforderung ist zudem die ethnische Vielfalt, denn die unterschiedlichen Gruppen lassen sich nicht einfach mischen. Sie arbeiten zwar friedlich zusammen, die Grenze ist jedoch dort erreicht, wo es um Essen und Freizeitgestaltung geht. So muss der Chef bemüht sein, zu jeder kulturellen Gruppe eine Beziehungsebene aufzubauen.

»Sie können sich nicht immer gleich mit allen auf eine Stufe stellen. Sie können zwar irgendwie scherzend miteinander umgehen, aber wenn Sie meinen, dadurch Barrieren überwinden zu können, bringen Sie den anderen in eine unheimliche Bredouille.«

»Die Leute sind hier bereit, am Wochenende zu arbeiten, machen Überstunden wie verrückt, lassen den Urlaub verfallen. Das ist also völlig anders als in Deutschland, wo jetzt diskutiert wird, ob man eine Stunde länger in der Woche arbeitet.«

»Meetings sind nicht dazu da, dass jemand seine Meinung sagt, die Meinung wird vorher besprochen oder nachher abgesprochen, unter vier Augen.«

»Ich bin fast wöchentlich auf irgendeiner Hochzeit eingeladen, von irgendeinem Geschäftspartner, die haben ja alle Kinder. Manchmal kennt man die Betreffenden überhaupt nicht.«

Literaturempfehlungen

Malaysia

Brown, S. G. (2005): Feng-Shui-Praxis. München.
Feng Shui ist die Kunst, das Heim so zu gestalten, dass es Erfolg, Gesundheit, Reichtum und Glück fördert. Feng-Shui-Meister Simon Brown führt über die theoretischen Grundlagen des Feng Shui unmittelbar zur Anwendung.

Derichs, C. (2004): Nationenbildung in Malaysia als strategisches Staatshandeln. Bemühungen um die Schaffung nationaler Identität. Hamburg: Institut für Asienkunde.
In diesem Buch werden die Strategien der Bildung des Nationalstaates Malaysias untersucht. Es werden drei Parameter herangezogen: Postkolonialismus, Multiethnizität und Globalisierung als neue Herausforderung. Im Unterschied zu anderen multiethnischen Staaten kann Malaysia eine recht gute Bilanz der nationalen Kohäsion vorweisen.

Kessel, A. (Hg.) (2000): Handbuch Business-Training Südostasien. Göttingen.
Dieses Buch vermittelt ein Hintergrundwissen, um sich auf dem Parkett der fremden Kultur angemessen bewegen zu können. Vorgestellt werden die Länder Thailand, Philippinen, Indonesien, Malaysia und Vietnam. Nach einführenden Informationen widmet sich je ein Länderfokus soziokulturellen Besonderheiten der einzelnen Länder mit ihren Auswirkungen auf den (Geschäfts-)Alltag.

Musa Bakri, M. (1999): The Malay Dilemma Revisited. New York.
Dieses Buch beinhaltet eine kritische und ausgewogene Analyse der in Malaysia bevorzugten Rassenpolitik und deren Auswirkungen auf das Zusammenleben der Ethnien und der Wirtschaft.

Vennewald, W. (1990): Chinesen in Malaysia. Hamburg: Institut für Asienkunde.
In diesem Buch werden die politische Kultur und das strategische Handeln der Chinesen in Malaysia dargestellt. Dies geschieht anhand einer politisch historischen Analyse der Malaysian Chinese Association.

Weggel, O. (1994): Die Asiaten. Gesellschaftsordnungen, Wirtschaftssysteme, Denkformen, Glaubensweisen, Alltagsleben, Verhaltensstile. München.
In diesem Buch werden die Asiaten und deren Lebensweise vorgestellt.

China und Indien spielen dabei als »Leitkulturen« die Hauptrolle. Das Buch ist in drei Teile gegliedert, wobei im ersten Teil »Asien und der Westen« die Unterschiede zwischen diesen beiden Kulturräumen dargestellt werden. Der zweite Teil zeigt »Querschnitte durch die asiatischen Gesellschaften und Verhaltensstile«. Der Aufbau der asiatischen Gesellschaften wird ausführlich erläutert und beschrieben sowie auf Regierungs- und Wirtschaftsformen eingegangen. Der dritte Teil schließlich untersucht die Frage, ob es in Asien zu einem Wertewandel oder einem Werteeinbruch kommt.

Interkulturelle Kommunikation

Bergemann, N.; Sourisseaux, A. L. J. (Hg.): Interkulturelles Management. Heidelberg.

Das Buch gibt einen Überblick über relevante Aspekte interkulturellen Managements. Werte, Führungsverhalten, Kommunikation, Motivation und Entscheidungsfindung werden unter dem interkulturellen Aspekt im ersten Teil des Bandes dargestellt, wobei auch auf die organisatorischen Bedingungen interkulturellen Managements eingegangen wird. Im zweiten Teil werden Handlungsfelder interkulturellen Managements wie Personalauswahl im internationalen Kontext, Training interkultureller Kompetenzen, Organisations- und Personalentwicklung, Reintegration und länderbezogene Aspekte diskutiert.

Hall, E. T.; Hall, M. R. (1990): Understanding Cultural Differences. Yarmouth.

Dieses Buch basiert sowohl auf Interviews mit deutschen, französischen und amerikanischen Führungskräften als auch auf umfangreichen interkulturellen Studien. Es vermittelt Amerikanern, Deutschen und Franzosen ein gegenseitiges Verständnis und gibt praktische Tipps für die täglichen Aufgaben im internationalen Arbeitsumfeld.

Hofstede, G. (1993): Interkulturelle Zusammenarbeit: Kultur, Organisation, Management. Wiesbaden.

Kulturelle Unterschiede haben für Unternehmen, die nicht nur in ihrem Stammland tätig sind, weitreichende Bedeutung. Unterschiedliche Mentalitäten und kulturelle Muster bestimmen das Handeln der Menschen und machen Verhandlungen oder den Aufbau von Niederlassungen schwierig. Das Verständnis für diese Unterschiede und Hinweise, wie damit umgegangen werden kann, machen dieses Werk, das in viele Sprachen übersetzt wurde, zu einem Klassiker.

Schroll-Machl, S. (2002): Die Deutschen – Wir Deutsche. Fremdwahrnehmung und Selbstsicht im Berufsleben. Göttingen.

Das Buch wendet sich zum einen an jene, die von ihrem Heimatland aus mit Deutschen zu tun haben oder aus beruflichen Gründen für einige Zeit in Deutschland leben, zum anderen an die Deutschen, die mit Partnern aus aller Welt im Geschäftskontakt stehen. Für die erste Gruppe ist es wichtig, Informationen über Deutsche zu erhalten, um sich auf ihre Kultur einstellen zu können. Für Deutsche selbst ist es hilfreich zu erfahren, wie nicht-deutsche Partner sie erleben und sich selbst im Spiegel der anderen zu sehen.

Thomas, A.; Kinast, E. U.; Schroll-Machl, S. (2003): Handbuch Interkulturelle Kommunikation und Kooperation. Bd. 1: Grundlagen und Praxisfelder; Bd. 2: Länder, Kulturen und interkulturelle Berufstätigkeit. Göttingen.
In diesen beiden Bänden erläutern 29 Autoren aus verschiedenen Ländern praxisorientiert die zentralen Begriffe interkultureller Kommunikation und Kooperation sowie den aktuellen Stand der Forschung. Sie stellen kulturspezifische Informationen zu ausgewählten Kulturregionen anhand authentischer Fallbeispiele dar, diskutieren Methoden der Diagnose, des Trainings und der Evaluation von Handlungskompetenz und behandeln zentrale Aufgaben interkulturellen Managements. Darstellungen unterschiedlicher interkultureller Praxisfelder wie der Personalentwicklung, der Migration, der Rechtspraxis sowie Überlegungen zu einem strategischen Gesamtkonzept für interkulturelles Handeln in Unternehmen bilden den Abschluss.

Internetadressen

www.konsulate.de/index2.php?ziel = malaysia.php
Übersicht der Malaysischen Vertretungen in Deutschland und der Deutschen Vertretungen in Malaysia
www.german-embassy.org.my
Botschaft der BRD in Kuala Lumpur
www.auswaertigesamt.de
Länder- und Reiseinformationen des Auswärtigen Amtes
www.deutsch-malaysische-gesellschaft.de
Deutsch-Malaysische Gesellschaft e. V.
www.malaysian-club.de
Malaysian Club Deutschland
www.goethe.de/ins/my/kua/deindex.htm
Goethe-Institut Kuala Lumpur
www.dskl.edu.my
Deutsche Schule Kuala Lumpur
www.mida.gov.my
Malaysia Industrial Development Authority
www.mgcc.com.my
Außenhandelskammer Malaysia (MGCC)
www.geographia.com/malaysia/
Informationen über Land, Geschichte, Einwohner
www.tourismmalaysia.de
Malaysia Tourism Promotion Board